Horst Janson

Der 85-Jährige, der morgens aufstand und
immer noch jung war

Horst Janson

mit Melanie Köhne

Der 85-Jährige, der morgens aufstand und immer noch jung war

Autobiographie

List

Besuchen Sie uns im Internet:
www.ullstein.de

Die Ullstein Buchverlage danken allen Verlagen und Rechtegebern für die Abdruckgenehmigungen. Da in manchen Fällen die Inhaber der Rechte nicht festzustellen oder erreichbar waren, verpflichtet sich der Verlag, rechtmäßige Ansprüche nach den üblichen Honorarsätzen zu vergüten.

List ist ein Verlag der Ullstein Buchverlage GmbH

ISBN 978-3-471-36032-3

© 2020 by Ullstein Buchverlage GmbH, Berlin
Alle Rechte vorbehalten
Konzept und Idee: Käfferlein und Köhne GmbH + Co.KG
Gesetzt aus der Janson
Satz und Repro: LVD GmbH, Berlin
Druck und Bindung: GGP Media GmbH, Pößneck

Inhalt

Prolog	7
Sie nannten ihn Bastian	9
Alter ist relativ	19
Der Tag, an dem Mainz brannte	31
Berlin war mein Sprungbrett	48
Sport ist kein Mord	64
Hinaus in die Welt	80
Eine Frau namens Hella	103
Vaterfreuden	121
Rosa Elefanten	138
Eine gar nicht so heimliche »Geliebte«	160
Harte Zeiten	185
Noch lange nicht Schluss	203
Danksagung	219
Anhang	221

Prolog

4. Oktober 2020

Es ist bei Weitem nicht so, dass es ihm am heutigen Tag zum ersten Mal aufgefallen oder er noch nie darauf angesprochen worden wäre. Aber heute wird ihm die offensichtliche Diskrepanz besonders deutlich.

Schon während des Aufwachens sickert die Erinnerung in sein Bewusstsein, dass dieser ein besonderer Tag ist. Er stellt sich den großen Blumenstrauß vor, der wie jedes Jahr auf dem Frühstückstisch auf ihn warten wird. Akten und andere Papiere, die normalerweise dauerhaft dort herumliegen, sind verschwunden, und der Tisch ist festlich gedeckt. Um seinen Sitzplatz herum ist ein hübscher Blumenkranz arrangiert, der ihn als Hauptperson des Tages ausweist. Ein leckeres und ausgiebiges Frühstück mit seiner Frau wird ihn unten im Erdgeschoss erwarten. Vielleicht kommt sogar Besuch, seine Mädchen – nicht auszuschließen, wenn man bedenkt, dass er heute seinen 85. Geburtstag feiert.

Zuvor muss er aber erst noch seinen morgendlichen Gang ins Badezimmer und anschließend seine obligatorischen zehn Minuten Fitness- und Dehnübungen hinter sich bringen. Sie sind der Grund, weshalb er sich als alter Mann noch immer großer Gelenkigkeit erfreut.

Während er in Gedanken schon unter der warmen Dusche steht und noch etwas müde gerade am Badezimmerspiegel vorbeischlurfen will, bleibt er plötzlich unvermittelt vor seinem eigenen Konterfei stehen und betrachtet es eingehend. Natürlich spiegeln Falten seine Lebenserfahrung wider, zeigen über Nacht gewachsene Bartstoppeln wunderbare Schattierungen von Grau, aber seine kleinen blauen Augen betrachten ihn neugierig wie eh und je. Verwundert nimmt er zur Kenntnis, dass das dokumentierte Alter nicht zwingend mit dem äußeren Erscheinungsbild und noch weniger mit dem eigenen inneren Gefühl korrespondieren muss. Gewappnet für den Tag, steigt er bester Laune unter die Dusche.

Sie nannten ihn Bastian

1973

Das war schon immer mein Problem. Wenn man überhaupt von der Tatsache, dass man zeitlebens jünger aussah, als man tatsächlich war, als *Problem* sprechen konnte. In jeder Lebensphase hörte ich wieder und wieder, welch ein Glück ich doch hätte, so jugendlich auszusehen. Mir kam es vor, als würden mich insbesondere die Frauen, aber auch einige Männer um meine guten Gene beneiden; dabei kam mir mein Aussehen nicht selten in die Quere. Immer wieder gingen mir Rollen durch die Lappen, weil mein Äußeres nicht der Vorstellung entsprach, wie man in diesem Alter auszusehen hatte. Und auch heute ist es nicht unbedingt von Vorteil, dass ich gut und gern für fünfzehn Jahre jünger durchgehe. Wird heute für einen Film ein Schauspieler gesucht, der einen 70-Jährigen verkörpern soll, denkt man gar nicht erst an mich, da ich inzwischen schon Mitte achtzig bin. Sucht man hingegen einen 80-Jährigen, will man viel eher einen Opa mit dickem Bauch als mich dünnen Schlaks. Aber ich will mich nicht beklagen, denn in einem Fall war es tatsächlich mein großes Glück, dass ich um einiges jünger aussah, als meine damals 37 Jahre vermuten ließen. Im Jahr 1972 planten die Verantwortlichen des ZDF eine neue Vorabendserie, für die der männliche Hauptdarsteller noch nicht gefunden war. Gefühlt jeder Schauspieler, der überhaupt hierfür in Erwägung gezogen wurde, hatte bereits Probeaufnahmen gemacht und war abgelehnt worden. »Der Janson ist zu alt«, hieß es direkt am Anfang der Suche aus dem Entscheiderkreis, weshalb ich erst gar nicht angesprochen wurde. Als nun aber die Zeit knapp wurde, weil der Beginn der Dreharbeiten schon kurz bevorstand und noch immer kein Hauptdarsteller gefunden war, erbarmte sich ein verzweifelter Redakteur und meinte: »Nun lasst den Janson doch mal kommen – vielleicht sieht der noch gar nicht so alt aus!« Sie wandten sich also an meine damalige Agentin Carla Rehm, die mich daraufhin über »eine Anfrage für irgendeine Vorabendserie in 13 Folgen« informierte. Sie wollte das eigentlich direkt absagen, aber ich persönlich muss bis heute immer alles erst einmal lesen, um mir mein eigenes Bild machen zu können. Deshalb holte ich das Drehbuch bei ihr ab und gab ihm eine Chance. Was soll ich sagen? Es war eine schöne Geschichte über einen jungen Mann, der sein Maschinenbaustudium zugunsten einer Lehramtslaufbahn geschmissen hatte, wofür seine Familie nur wenig Verständnis aufbrachte. Allein seine Oma sorgte sich um ihn und bemühte sich, ihn auf seinem Weg ins Erwachsenenleben zu unterstützen. Selbstverständlich kam auch noch eine Liebesgeschichte in Person einer jungen Krankenhausärztin hinzu, in die sich der junge Mann prompt verliebte. Das alles waren wunderbare Zutaten für eine Erfolg versprechende Serie im deutschen Fernsehen. Keine Frage, das Drehbuch hatte es mir angetan. Mir gefielen vor allem die Dialoge, die die Autorin

Barbara Noack geschrieben hatte, keine Gags mit dem Holzhammer, sondern einfach lustige Wortgefechte, die auf dem Punkt waren. Dieser leise Humor kam mir und meinem Naturell sehr entgegen. Die Entscheidung stand also fest: Ich wollte mich dort vorstellen!

Ist es nicht verrückt, wie schnell Lebenswege auch eine andere Richtung einschlagen können? Hätte meine Agentin damals eigenmächtig gehandelt und das Angebot abgesagt, hätte ich nicht wenig später diesen jungen Mann gespielt, der in den Augen vieler Menschen zur Rolle meines Lebens wurde. Oftmals hängen die Dinge eben an einem sprichwörtlich seidenen Faden ...

Ich marschierte also zur Produktionsfirma, um zu beweisen, dass man mir mit fast Ende dreißig noch den ewigen Studenten abnehmen würde. Probeaufnahmen brauchte es in dem Sinne nicht mehr, weil ich zu der Zeit schon einige ernsthafte Arbeiten vorzuweisen hatte. Zum Beispiel den Film *Das Glas Wasser* von Helmut Käutner, einem der großen Regisseure des deutschen Nachkriegskinos, der schon ein gewisses Aushängeschild für mich darstellte. Insofern bestand nur wenig Zweifel, dass ich die Rolle bekommen würde. Und so war es denn auch. Der »Bastian« wurde mein Alter Ego und ist es bis heute.

Unglaublich, welchen durchschlagenden Erfolg die gleichnamige Serie im Jahr 1973 erlebte; sie wurde zum absoluten Straßenfeger. Obwohl sie »nur« im Vorabendprogramm gezeigt wurde, sahen pro Folge mehr als fünfzehn Millionen Zuschauer zu, mehrere Generationen vereinten sich hierfür vor dem Fernseher. Für mich als Schauspieler war diese Serie ein absoluter Glücksgriff; sie brachte mir innerhalb kürzester Zeit einen unschätzbaren Bekanntheitsschub. Quasi über Nacht kannten mich über neunzig Prozent aller Deutschen, was ja fast dem Niveau eines Bundeskanzlers oder einer Bundeskanzlerin entspricht. Meine eigene Identifikation mit dieser Rolle war unheimlich hoch, weil ich gut vertreten konnte, was ich aus ihr gemacht hatte. Ich sah mir die 13 Folgen damals alle an und befand sie für gut. Die ersten waren richtig super, und selbst die Episoden gegen Ende, in denen es doch etwas klischeehafter wurde, fanden noch mein Gefallen. Dennoch finde ich es außergewöhnlich, dass die Menschen noch heute an diese Geschichte, an diese Serie denken, wenn sie mich sehen. Es gibt so vieles im Fernsehen, das man den einen Tag gesehen und den nächsten schon wieder vergessen hat. Nicht so *Der Bastian*. Bis heute werde ich regelmäßig auf diese Rolle angesprochen. Es vergeht kaum ein Tag, an dem mich nicht irgendjemand mit dem Namen »Bastian« anredet. Für mich ist es faszinierend, wie sehr sich diese Figur in das kollektive Gedächtnis eingebrannt hat, wie positiv diese Serie auch nach Jahrzehnten vielen noch in Erinnerung geblieben ist. Wer weiß, ob man mich heute überhaupt noch auf der Straße erkennen würde, wenn ich nicht diesen sympathischen Hallodri, sondern vielleicht einen ganz steifen Typen gespielt hätte?

Für die meisten Menschen steht seit der Ausstrahlung unumstößlich fest: Ich bin der Bastian und der Bastian bin ich. Selbst meine Frau ist bis heute der Meinung, dass Horst und Bastian eins waren, als sie mich Mitte der 1970er-Jahre kennenlernte. Natürlich ist bei allen Rollen, die man als Schauspieler mimt, selbst bei denen, die komplett konträr zum eigenen Charakter sind, immer ein Quäntchen von einem selbst darin. Eine Figur lässt sich ja immer nur aus der eigenen Sichtweise heraus umsetzen, weshalb sich dieser persönliche Stempel gar nicht vermeiden lässt. Im Fall des Bastian war es aber schon ein größeres Stück von mir, das dort einfloss, das ist völlig klar. Einerseits formte ich die Rolle durch meine Persönlichkeit, andererseits durch mein Äußeres. Zu der Zeit trug ich nämlich schon lange Haare, was den Machern der Serie zunächst nicht besonders gefiel. Die einzigen Langhaarigen im deutschen Fernsehen waren bis dahin die Fußballer. Jeder erinnert sich vermutlich noch an die wehende Mähne von Günter Netzer. Die Fernsehredakteure, die schon damals meinten zu wissen, was der Zuschauer sehen will und was nicht, forderten, dass ich meine Haare vor Drehbeginn abschneiden lassen müsste. Doch dazu war ich absolut nicht bereit. Ich würde sogar sagen, dass ich eher auf die Rolle verzichtet hätte, als mich dieser Forderung zu beugen. Noch heute bilden sich bestimmte Leute ein, sie wüssten genau, was die Zuschauer wollen, was ich gelinde gesagt für problematisch halte. Weitergedacht würde das doch bedeuten, dass diese Leute nur erfolgreiche Produktionen verantworten würden. Das ist aber bei Weitem nicht der Fall; es gibt genügend Flops und Unsägliches im deutschen Fernsehen zu entdecken.

Doch zurück zu meinen Haaren. Nach einigem Hin und Her sprach Regisseur Rudolf Jugert, der damals schon über sechzig war und für mich damit ein alter Mann, ein Machtwort und meinte: »Die Haare bleiben dran!« In meinen Augen eine durchaus fortschrittliche Entscheidung. So kam es also, dass ich der erste langhaarige Schauspieler im deutschen Fernsehen war, was absolut meinem damaligen Lebensgefühl entsprach und mich sehr freute. Zumal das unangepasste Äußere ja im Grunde auch sehr gut zu dem unkonventionellen Bastian passte. Für die charakteristische Ausgestaltung der Rolle ließ ich mich in Teilen von meinem jüngeren Bruder Axel inspirieren. Für mich war mein Bruder eine Art Lebenskünstler. Nachdem er ein relativ gutes Abitur hingelegt hatte, lief bei ihm leider nicht mehr viel. Er hatte einen kompletten Durchhänger, war sporadisch im Messebau tätig und begann auch das ein oder andere Studium, von denen er aber keines zu Ende brachte. Er trank zu viel und rauchte wie ein Schlot. Wenn man seine langjährige Freundin nach ihm fragte, hieß es oftmals, er sei in seinem »Büro« – das war die Kneipe um die Ecke. Leider starb Axel ziemlich jung, mit Anfang fünfzig. Im Krankenhaus hatte man ihm ein Bein abnehmen müssen; den Grund hierfür habe ich nie wirklich erfahren, ich vermute, wegen einer Vergiftung. Letztendlich überlebte er diesen chirurgischen Eingriff nicht. Ein Jammer, denn Axel war wirklich ein durch und durch lieber und hilfsbereiter Kerl. Nach diesem Muster war auch mein Bastian gestrickt. Er studierte im Prinzip um des Studierens willen, Pädagogik passte eigentlich gar nicht zu ihm, aber irgendjemand hatte ihm das Lehramtsstudium aufgeschwatzt, im Zuge dessen er auch eine gewisse Larifari-Haltung entwickelte, vor allem, was seinen Abschluss betraf. Nach dem schönen hessischen Motto »Kimmd der Daach, bringd der aach«, also irgendetwas wird der Tag schon bringen, lebte er gut gelaunt in denselben hinein. Und so ein ganz kleines bisschen lag auch mir das Savoirvivre im Blut. Ich drehte

Filme, stand auf der Theaterbühne, aber nebenbei lebte ich auch immer mein Leben. Als ich beispielsweise etwas später mein eigenes Segelboot kaufte, verbrachte ich nahezu jede freie Minute am Starnberger See und genoss diese Zeit immens. Nie konnte ich verstehen, wenn Kollegen mich besuchten und ohne Unterlass jammerten, sie hätten nun schon zwei Wochen kein Angebot mehr bekommen. »Sei doch froh, genieß die Zeit und das Wetter«, versuchte ich stets zu beruhigen, meist ohne Erfolg. Mir persönlich fiel es nie schwer, den Augenblick zu genießen. Carpe diem, na klar! Warum sich in eine Sache verbeißen? Wenn man sich nur auf diese eine Sache konzentrierte, fielen all die anderen schönen Dinge rechts und links weg. Im Leben gibt es aber so viele Möglichkeiten, sich auszuprobieren und Dinge zu tun, die einem Freude bereiten. Aus diesem Grund jagte ich auch nie gleich der nächsten Rolle hinterher. Das war sicher nicht immer die richtige Entscheidung, entwickelte sich aber letztendlich nicht zu meinem Nachteil, denn glücklicherweise fielen mir die meisten Dinge einfach in den Schoß. Insofern schadete mir meine gelassene Lebenseinstellung beruflich gottlob nicht.

Eine andere Charaktereigenschaft des Bastian, die mir ebenfalls angeheftet wurde, war die des Frauenschwarms und Schwerenöters. Obwohl ich damals schon einige Jahre mit meiner ersten Frau, der Schauspielerin Monika Lundi, liiert war, muss ich zugeben, dass ich mich tatsächlich nicht immer tugendhaft verhalten habe. Es wurde mir damit auch ziemlich leicht gemacht: Die Mädels flogen mir sozusagen wie gebratene Täubchen in den Mund. Aus diesem Grund ist meine heutige Frau Hella zutiefst dankbar, dass sie mich erst nach dem ganzen *Bastian*-Rummel kennengelernt hat. Sie sagt, bis zu unserem ersten Kuss hätte ich mir die Hörner schon ganz ordentlich abgestoßen. Offen gestanden liegt sie damit gar nicht mal so falsch. Hellas Familie war damals nicht besonders davon angetan, dass sie sich einen Schauspieler angelte. Die Verwandten waren der Meinung, unsere Verbindung hätte sowieso keine Zukunft. Nur ihre Mutter war hin und weg, weil sie den *Bastian* so gemocht hatte ...

Die Produktion der Serie fand 1972 zur Zeit der Olympischen Sommerspiele in München statt. Wir drehten unter anderem auch im Münchner Olympiastadion, mal mit, mal ohne Publikum. In einer Folge zeigte ich meiner Angebeteten, gespielt von Karin Anselm, die Wettkampfstätte. Um sie zu beeindrucken, demonstrierte ich exklusiv die vollkommen neuartige Sportdisziplin des 100-Meter-Rückwärtslaufs. Ich machte mir einen Spaß daraus, rief ihr plötzlich zu: »Vorsicht, Baum!«, woraufhin sie sich erschrocken umdrehte – als hätte mitten auf der Aschenbahn plötzlich ein Baum gestanden ... Mit der guten Laune am Set war es dann aber schlagartig am 5. September vorbei, als palästinensische Terroristen elf israelische Athleten zunächst als Geiseln nahmen und später ermordeten. Trotz des Schocks, der damals alle Menschen in Deutschland und sogar weltweit einte, mussten wir natürlich weiterdrehen. Aber die Stimmung war nicht mehr wie zuvor. Es war das erste Mal, dass solch ein großer, politisch motivierter Anschlag bei einem sportlichen Großereignis verübt wurde. Jeder fragte sich danach, ob die Olympischen Spiele nun abgesagt werden müssten. Das wäre aber bestimmt nicht im Sinne der dort zu Tode gekommenen Sportler gewesen. Dieses Attentat war ein Anschlag auf die olympische Idee, die Idee, dass alle Völker dieser Welt friedliche Sportwettkämpfe miteinander abhalten konnten, ungeachtet der politischen Konflikte, die es vielleicht zwischen ihnen geben mochte. Die Zerstörung dieser Idee wollte man nicht zulassen, weshalb die Spiele nach nur einem Tag Pause fortgeführt wurden. Diese Entscheidung fand und finde ich nach wie vor richtig. Wenn die Spiele schon damals so kommerzialisiert gewesen wären, wie es heute der Fall ist, hätte auch ich gesagt, man kann danach nicht wieder zum Geldverdienen übergehen. Das hätte einen üblen Beigeschmack gehabt. Aber im Sinne des olympischen Gedankens, der damals noch viel stärker im Fokus stand, war eine Fortsetzung der Spiele richtig. Nach Aussagen eines Journalisten, der damals vor Ort war, bekundete die israelische Delegation, die Entscheidung des Olympischen Komitees, wie sie auch ausfallen möge, mitzutragen – obwohl sie nach den Ereignissen geschlossen abreiste.

Ohne Frage war *Der Bastian* für mich in vielerlei Hinsicht ein Segen, was Popularität und Beliebtheit betraf. Aber wie so oft hatte auch diese Medaille ihre Kehrseite. Wo ein Segen, da ist eben oftmals auch der Fluch nicht weit. Im Hinblick auf die Vielfalt der mir angebotenen Rollen hat mir *Der Bastian* auch ein bisschen geschadet. Viele Produzenten hielten mich plötzlich für festgelegt, konnten sich nicht vorstellen, dass ich nach dem ewigen Studenten beispielsweise einen Kriminalkommissar glaubhaft verkörpern könnte. Diese Festlegung fand zumeist in den Köpfen der Macher statt, weniger in denen der Zuschauer, aber das war nun mal entscheidend. Heute wäre die Situation vielleicht eine andere, weil viel mehr Fernsehsender existieren und irgendein Privatsender eventuell auf die im öffentlich-rechtlichen Fernsehen erworbene Popularität aufspringen würde. Damals sah das aber noch anders aus mit gerade mal zwei Sendern. Doch zu meinem Glück hatte sich bereits einige Jahre zuvor eine Tür zu internationalen Filmproduktionen geöffnet, durch die ich bis in die 1980er-Jahre hinein mit großartigen Schauspielern vor der Kamera stehen durfte. So fand ich die spannenden Rollen fortan eben im Ausland. Denn wer kann schon von sich behaupten, dass er Peter O'Toole am Orinoco bis aufs Blut bekämpft hat oder von Roger Moore auf Malta erstochen wurde? Ich schon!

Alter ist relativ

2020

Angst hat mir das Alter nie gemacht. Wenn ich heute über die Zahl 85 nachdenke, versetzt es mich eher in Staunen. Wo sind all die Jahre hin? Wie schnell verging nur die Zeit? Dankbarkeit erfüllt mich, dass die ganz großen Schicksalsschläge in meinem Leben ausgeblieben sind, dass ich so viel von der Welt habe sehen dürfen, dass ich einen Beruf ergriffen habe, der mich bis heute erfüllt. In meinem Wesen habe ich mich, so glaube ich zumindest, kaum verändert. Vielleicht bin ich ein wenig abgeklärter geworden. Dinge, die mich früher aufgeregt haben, stecke ich inzwischen einfacher weg, lege mehr Gelassenheit an den Tag. Darüber hinaus veränderte sich durch das Älterwerden für mich eigentlich nichts. Zugegeben, auch meine Oberarme sehen nicht mehr so schön aus wie bei einem Zwanzigjährigen, und bei allzu ausladendem Winken schlackert sehr viel weiches Gewebe hin und her. Das führt aber nur dazu, dass ich mehr Zeit darauf verwende, Poloshirts, die ich im Sommer sehr gern trage, mit längeren Ärmeln zu finden, anstatt mich darüber zu grämen. Das sind doch alles nur Äußerlichkeiten. Natürlich wird der Körper schrumpeliger, aber von der Grundform her hat er sich in meinem Fall ja kaum verändert. Also noch kann ich mich in Badehose sehen lassen! Und das Schrumpeln lässt sich sowieso nicht verhindern, maximal hinauszögern. Aufgrund meiner Veranlagung bin ich ein Junggebliebener, schon immer haben meine Sportlichkeit und mein jugendliches Aussehen meinem Alter ein Schnippchen geschlagen. Vielleicht haben mich auch meine dreizehn Jahre jüngere Frau und die Tatsache, dass ich ein sogenannter später Vater bin, jung gehalten. Durchaus möglich. Jedenfalls halte ich mich für einen äußerst fitten 85-Jährigen. Seit Jahren schon mache ich regelmäßig mein Stretching, um beweglich zu bleiben. Das sind klassische gymnastische Übungen, die man einfach zu Hause auf dem Fußboden macht, hauptsächlich für den Rücken. Eine Zeit lang machte ich die Dehnübungen morgens und abends, momentan kann ich mich nur morgens dazu motivieren. Aber ich merke schon, dass ich wieder mehr machen muss, um nicht einzurosten. Sogar einen Expander besitze ich, also ein Gerät, an dem zwei Griffe durch extrem starke Gummibänder miteinander verbunden sind, die ich nur mit Mühe und Not auseinanderziehen kann. Damit lassen sich die einzelnen Körperbereiche noch gezielter trainieren. Mir geht es überhaupt nicht darum, Muskeln aufzubauen – das wäre in meinem Alter auch wirklich albern. Es geht mir rein um die Beweglichkeit, das ist der einzige Sinn für diese Mühen.

Zeitlebens hatte ich keine größeren Wehwehchen, was ich darauf zurückführe, dass ich seit vielen, vielen Jahren treuer Anhänger von Naturheilverfahren bin. Und das hat auch seine Gründe. Anfang der 1970er-Jahre bekam ich von einem Münchner Facharzt eine ernste Diagnose gestellt. Ich hatte ihn wegen immer wiederkehrender Schmerzen im Bauchraum und Problemen mit dem Darm konsultiert. Er attestierte mir eine Colitis ulcerosa, eine chronische Darmerkrankung, die zwar nicht zum Tode führt, aber die man auch nicht heilen kann. Obwohl ich daraufhin immer brav die mir verschriebenen Arzneimittel einnahm, ging es mir von Woche zu Woche schlechter. Irgendwann sprach mich ein Freund auf meinen schlechten Allgemeinzustand an und empfahl mir, seinen naturheilkundlichen Arzt aufzusuchen. Was konnte ich schon verlieren? Also machte ich sofort einen Termin bei diesem Mann aus. Nach dessen eingehender Untersuchung bestätigte sich, dass mein Darm entzündlich war, allerdings würde seiner Einschätzung nach keine schlimme Krankheit dahinterstecken. Er gab mir homöopathische Mittel und Mixturen, die ich in der Folge auch einnahm. Bereits drei Wochen später spürte ich, dass die Beschwerden abklangen, fühlte mich insgesamt wesentlich besser, kam wieder zu Kräften. Nach einem Vierteljahr war ich beschwerdefrei. Seither schwöre ich auf diese Behandlungsmethode! Sicher gibt es in diesem Bereich auch Scharlatane, aber gibt es die nicht überall? Ich jedenfalls bin mit der Naturheilkunde immer gut gefahren. Und meine Familie habe ich gleich mit überzeugt: Hella schwört wie ich auf diese sanftere Medizin. Nur ein paar Jahre später zeigte sich mir erneut, dass die Naturheilkunde der Schulmedizin wirklich in nichts nachsteht. Mit Hannelore Elsner und Erik Schumann spielte ich das Theaterstück *Es war nicht die Fünfte/Es war die Neunte*. Hannelore und ich hatten uns beide eine dicke Erkältung eingefangen; wir hatten Fieber und waren nicht in der Lage, abends aufzutreten. Natürlich kam sofort der Theaterarzt und wollte dem Erreger mit Hammertabletten, Antibiotika und Spritzen zu Leibe rücken, was ich für mich ablehnte, Hannelore aber über sich ergehen ließ. Für mich war der richtigere Gang der zum Naturheilkundler, der mir auch gleich etwas von seinen Arzneien verschrieb. Zwei Vorstellungen mussten ausfallen, aber am dritten Tag standen wir beide wieder auf der Bühne. Mir ging es von diesem Tag an direkt wieder besser, aber Hannelore plagte diese Erkältung noch eine ganze Woche – trotz des Antibiotikums. Das war ziemlich hart für sie.

Selbstverständlich hat die Naturheilkunde ihre Grenzen, nämlich da, wo es um schwere Krankheiten wie zum Beispiel Krebs geht. Da kann sie nur flankierend eingesetzt werden. Und wenn man sich operieren lassen muss. Vor einigen Jahren musste ich mich zum Beispiel einer Hüftoperation unterziehen, weil meine linke Hüfte seit einiger Zeit Probleme machte. Ständig hatte ich starke Schmerzen, wahrscheinlich durchs Tennisspielen. Viele Tennisspieler haben ja Hüftprobleme, weil die Drehbewegung, die man ausführt, wenn man beispielsweise als Rechtshänder mit dem linken Bein voran die Vorhand schlägt, so enorm die linke Hüfte belastet. Laut Lehrbuch soll das zwar eigentlich nicht so sein, aber dennoch ist das eine ganz gängige Verschleißerscheinung bei dieser Sportart. Auch Boris Becker hat bereits zwei künstliche Hüftgelenke. Als weder meine gymnastischen Übungen noch Physiotherapie noch homöopathische Mittel zu einer Besserung führten, kam ich an einer Operation nicht mehr vorbei. Keine hundert Meter weit konnte ich zum Schluss noch gehen, ohne ständig stehen zu bleiben, mich kurz auszuruhen und die Schmerzen abklingen zu lassen. Hella redete auf mich ein wie auf einen kranken Gaul, ich solle endlich zu einem Arzt gehen. Ein Freund von mir, der sich insgesamt schon dreimal dieser Operation unterzogen hatte, empfahl mir einen Operateur in Garmisch. Schon bei der Erstuntersuchung wunderte sich dieser Arzt, warum ich nicht auf allen vieren in seine Praxis gekrochen war. Anscheinend war mein Gelenkknorpel komplett verschlissen, weshalb nun Knochen direkt auf Knochen rieb. Es war keine Frage: Der Eingriff musste gemacht, ein OP-Termin vereinbart werden. Nach der Operation wachte ich auf und – spürte gar nichts! Man hatte mich hervorragend mit wenig Schmerzmitteln eingestellt. Bereits am folgenden Tag stand ich wieder auf den Beinen und absolvierte brav meine verordnete Physiotherapie. Acht oder neun Tage blieb ich im Krankenhaus, anschließend drei Wochen in der Reha mit Unterwassergymnastik und allem Drum und Dran. Nach gut vier Wochen kehrte ich nach Hause zurück und konnte im Grunde alles wieder machen wie zuvor, wenngleich ich auch bei allen Bewegungen eine gesunde Vorsicht walten lassen musste. Spätestens da fragte ich mich, weshalb ich die Operation nicht schon viel früher hatte machen lassen. Wenn ich heute durch die Sicherheitskontrolle am Flughafen muss, dann lege ich – meist mit einem Spruch auf den Lippen – meinen extra für diese Zwecke ausgestellten »Ersatzteillagerpass« vor. Daran lässt sich vielleicht am ehesten mein fortgeschrittenes Alter erkennen.

Je älter man wird, desto mehr Gedanken macht man sich über das Thema Demenz. Mir zumindest geht es so. Zweimal beschäftigte mich diese Krankheit schon aus beruflichen Gründen. Zunächst spielte ich 2008 in dem preisgekrönten Kurzfilm *Dunkelrot* den Mann einer an Alzheimer erkrankten Frau, die von Renate Krößner wunderbar eindrücklich verkörpert wurde. Nur zwei Jahre später war die Rollenverteilung exakt andersherum und ich derjenige, der durch eine schwere Demenz gezeichnet war. In *Eines Tages* ... wurde ich liebevoll von Annekathrin Bürger als meine Frau gepflegt. Wenn man sich schon zweimal in dieses Krankheitsbild intensiv hineinversetzen musste, horcht man jedes Mal aufmerksam in sich hinein, sobald man irgendetwas vergisst. Ist das jetzt die normale Altersvergesslichkeit oder schon die beginnende Demenz? Solche Gedanken mache ich mir schon manches Mal. Schnellstmöglich versuche ich dann aber, meine Gedanken in eine positive Richtung zu lenken und mich nicht damit zu beschäftigen, was noch auf mich zukommen, welches Schicksal mich ereilen könnte – oder eben auch nicht. Einer Sache werde ich definitiv nicht aus dem Weg gehen können: nämlich dem Tod. Daran lässt sich nichts ändern. An dieser Stelle lebe ich einen gesunden Fatalismus, denke ich.

Mein Deutschlehrer auf dem Gymnasium beschrieb mir einst seine Vorstellung vom menschlichen Gehirn ganz wunderbar, verglich das Gehirn mit einem einfachen Bücherregal. »Sie müssen sich das so vorstellen: Sie haben da ein Wandregal, auf dem Bücher stehen. Immer wenn Sie eine neue Erfahrung machen, kommt ein Buch hinzu und fügt sich in der Mitte des Bücherregals ein. Irgendwann ist das Brett voll, und sobald Sie in der Mitte wieder ein neues Buch einschieben, fällt an einer der beiden Seiten eines auf den Boden.« Dieser Lehrer war ein gescheiter Mann. Er meinte, die he-runtergefallenen Bücher seien nicht verloren, würde man daran erinnert, wäre jedes einzelne Buch wieder da und ließe sich wieder auf das Regal stellen. Dieses Bild fand ich damals sehr plausibel und einleuchtend. Aus diesem Grund versuche ich, offen und neugierig durch die Welt zu gehen und mich immer wieder an möglichst viele Dinge zu erinnern. Als alter Mensch hat man ja viel gesehen und erlebt, und das ist alles irgendwo im Gehirn abgespeichert. Grundsätzlich wird man gerade heutzutage oftmals verleitet, im Internet zu recherchieren, bevor man in den eigenen Gehirnwindungen kramt. Früher hatte jeder zig Telefonnummern im Kopf; heute kennt man nicht mal mehr seine eigene!

Um mein Gehirn immer schön zu trainieren, merke ich mir ständig irgendwelche Zahlen, baue mir zu diesem Zweck feine Eselsbrücken. Will ich mir beispielsweise eine Geheimzahl merken, in der eine 65 vorkommt, denke ich daran, dass man mit 65 in Rente geht, oder für eine 89 erinnere ich mich an die Vorwahl von München: 089. Manchmal merke ich mir Nummern auch anhand des Zahlenfeldes der Tastatur; ich präge mir also das Muster der Zahlenreihenfolge ein, in der ich sie eintippe. Das funktioniert bei mir im Grunde genommen ganz prima. Allerdings muss ich zugeben, dass ich meine Rollentexte nicht mehr so leicht und zügig lerne wie noch vor zwanzig Jahren.

Wenn ich wollte, könnte ich ununterbrochen Theater spielen, da mir glücklicherweise noch immer sehr viele schöne Angebote gemacht werden. Oftmals sind es Boulevardstücke wie *Kerle im Herbst* neben Christian Wolff und Hans-Jürgen Bäumler oder auch *Bis zum Horizont, dann links!* mit Marianne Rogée, Harald Dietl und Gabi Gasser. Aufgrund der Corona-Pandemie ist mir in diesem Jahr leider eine schöne Benefizaufführung durch die Lappen gegangen, die von meinem langjährigen Freund Helmut Markwort, dem ehemaligen Herausgeber des Magazins *Focus*, initiiert worden war. Neben vielen prominenten Mitwirkenden sollte ich in Ernst Elias Niebergalls *Datterich*, einer Lokalposse in Darmstädter Mundart, dabei sein, was für mich ein kleines Schmankerl gewesen wäre, da Hessisch die einzige Mundart ist, die ich aufgrund meiner Herkunft perfekt beherrsche. Jeder von uns hätte ehrenamtlich gespielt, sodass der Erlös der Vorstellung verschiedenen wohltätigen Zwecken zugutegekommen wäre. Sogar Ministerpräsident Volker Bouffier hatte schon für eine Rolle zugesagt! Mit etwas Glück wird dieses Projekt später noch einmal neu angesetzt; das würde mich freuen.

Das absolute Highlight, das ich in den letzten Jahren auf der Theaterbühne spielen durfte, war *Der alte Mann und das Meer*. Ohne Zweifel ein Traumstück. Schon als junger Mensch las ich das Buch in der Schule, und bis heute wird der Klassiker von Ernest Hemingway im Unterricht behandelt. Aus diesem Grund kam auch eine große Anzahl an jungen Leuten zu den Aufführungen. Die Geschichte über den alten kubanischen Fischer, der vier Tage und vier Nächte ganz allein in seinem Boot mit einem Schwertfisch kämpft, ist absolut zeitlos und hat bis heute eine Relevanz. Es geht um Schicksal, den Kampf gegen sich selbst und die Ehrfurcht vor dem Leben. Diese Rolle des Santiago ist für einen alten Mann wie mich ein Geschenk, und ein bisschen von ihm steckt auch in mir. Auch ich bin ein Mensch, der nie die Hoffnung verliert. Es gibt eine Weisheit von Karl Jaspers, die ich mir von jeher zu Herzen genommen habe: »Die Hoffnungslosigkeit ist schon die vorweggenommene Niederlage.« Das kommt für mich nicht infrage. Dass die Novelle *Der alte Mann und das Meer* überhaupt für das Theater adaptiert wurde, ist das Verdienst von Regisseur Jens Hasselmann, der sich in den Kopf gesetzt hatte, diese Geschichte auf die Bühne zu bringen. Die Rechte für die Inszenierung zu bekommen war äußerst schwierig. Der Verlag, der in Deutschland die Rechte an den Werken Hemingways hält, verwies Jens Hasselmann an die Hemingway Foundation in New York. Natürlich wollte die Foundation erst einmal wissen, wie sich der Regisseur eine Adaption für die Bühne vorstellte, woraufhin ein erstes Buch geschrieben und ins Englische übersetzt werden musste. Das Ganze war eine aufwendige Arbeit, die ohne die Hartnäckigkeit von Jens Hasselmann niemals zum Erfolg geführt hätte. Nach etlichen Schriftwechseln über verschiedene Anwaltskanzleien bekam er tatsächlich die Genehmigung für insgesamt zehn Aufführungen, was zu der Frage führte, ob sich der Aufwand einer kompletten Inszenierung überhaupt lohnen würde. Allein sechs Wochen waren geplant, um das Bühnenstück zu entwickeln und zu proben. Wir kamen trotz der Beschränkung auf zehn Vorstellungen auf Rügen zusammen, erarbeiteten dort die Bühnenfassung und führten sie 2010 als Freilichtaufführung am Kap Arkona erstmals auf. Bei der Uraufführung war auch die amerikanische Generalkonsulin aus Hamburg anwesend, die begeistert von unserer Umsetzung war. Letztendlich wurden uns nach diesem Erfolg weitere Aufführungen genehmigt, sodass wir anschließend mit diesem Stück auf Tournee gehen konnten. Inzwischen haben wir es schon 160 Mal gespielt, ohne dass wir eine einzige schlechte Kritik bekommen hätten. In dem Stück gab es eine Barfrau, gespielt von Marie-Luise Gunst, die abweichend von der Novelle ein paar kubanische Lieder sang und als Erzählerin fungierte. Ansonsten war ich als Santiago auf der Bühne und führte ununterbrochen Selbstgespräche: »Wenn die anderen hören würden, wie ich laut mit mir rede, würden sie glauben, ich sei verrückt. Aber da ich nicht verrückt bin, ist mir das egal.« Eine Menge Text, den es zu bewältigen galt. Als junger Schauspieler hatte ich meine Texte unheimlich schnell parat, verwandte nur wenig Zeit aufs Lernen. Inzwischen dauert es ein bisschen länger, was bedeutet, dass ich rechtzeitig damit anfangen muss. Im Alter muss ich mir nun einfach ein bisschen mehr Mühe geben. Aber wenn der Text erst einmal sitzt, dann sitzt er auch!

Der größte Vorteil am Alter ist doch eigentlich, jeden Tag ohne schlechtes Gewissen ausschlafen zu dürfen. Mein Gewissen hingegen scheint das regelmäßig anders zu sehen. Ich weiß gar nicht, woran das liegen könnte. Auch wenn ich noch immer arbeite, so bin ich doch längst im Rentenalter und hätte jedes Recht der Welt, den Tag so spät zu beginnen, wie ich möchte. Doch irgendetwas meldet sich manchmal in mir und bezichtigt mich heimlich, ein »Faulpelz« zu sein. Vielleicht ist das meiner Erziehung geschuldet, wer weiß. Hella und ich bleiben trotzdem meist so lange im Bett, bis wir ausgeschlafen sind, was manchmal auch erst um zwölf Uhr der Fall sein kann. Am Vormittag schlafe ich nun mal besonders gut ... Das hängt natürlich auch davon ab, wie der Abend zuvor aussah. Wenn ich Theater spiele, dann komme ich abends erst spät zur Ruhe. Direkt vor einer Vorstellung kann ich definitiv nichts essen, also esse ich mittags eine Kleinigkeit, nachmittags vielleicht noch einen Kuchen – ich bin nämlich ein großer Freund von süßen Teilchen –, und ab diesem Zeitpunkt nichts mehr, damit ich auf der Bühne möglichst unbelastet bin und viel Power habe. Nach der Vorstellung bin ich dementsprechend ausgezehrt und begebe mich wie ein hungriger Wolf auf Beutezug. Es ist nämlich nicht leicht, bei uns in Deutschland nach 22 Uhr Lokale zu finden, in denen noch warmes Essen serviert wird. Und McDonald's ist da auch keine wirkliche Alternative – zumindest nicht ständig ... Besonders schön ist es, wenn man an einem bestimmten Theater en suite spielt und sich tatsächlich ein Restaurant findet, in dem die gesamte Truppe nach getaner Arbeit noch einkehren und Adrenalin abbauen kann. Hier trinkt man dann Abend für Abend noch gemeinsam ein Gläschen Rotwein und geht gegen Mitternacht nach Hause, wobei das »Zuhause« in diesem Fall oftmals eine mehr oder weniger gemütliche Theaterwohnung ist. Vor zwei Uhr nachts kommt man dann meist auch nicht ins Bett, weil man doch noch einmal den Fernseher einschaltet, um

Nachrichten zu sehen oder sich anderweitig noch ein wenig berieseln zu lassen.

Als großes Glück empfand ich schon immer, dass Hella eine regelrechte Nachteule ist. Selbst als sie noch berufstätig war, hatte sie keine Probleme damit, meinen verkorksten Tagesrhythmus mitzuleben, wenn sie mich zwischendurch auf eine Tournee begleitete. Und heute genießen wir gemeinsam das entspannte Ankommen in jedem neuen Tag. Wenn wir keine Termine haben, die uns etwas anderes vorschreiben, lassen wir uns nach dem Aufstehen viel Zeit mit dem Frühstück. Wir sitzen dann mit Kaffee und Mohnsemmeln an unserem Esstisch, lesen die Zeitung und beobachten die Vögel, die auf ihrer Nahrungssuche kurz an den Körnerspendern im Baum vor unserem Fenster haltmachen. Irgendeine positive Seite muss das Alter ja haben, sonst würde es ja keiner mitmachen, oder?

Der Tag, an dem Mainz brannte

1945

Meine Generation ist die letzte, die hier in diesem Land einen Krieg noch persönlich erlebt hat. Wahrlich nichts, worum man uns beneiden müsste. Vermutlich würde jeder Einzelne meines Alters auf diese Erfahrung liebend gern verzichten. Ich muss nur daran denken, dass all diese Erlebnisse und Erinnerungen, die ja auch Mahnungen sein sollten, nach und nach aussterben und verloren gehen. Stattdessen bekommt eine Partei wie die AfD, die sich das Deckmäntelchen der Demokratie überstreift, aber gefährlich rechtspopulistisch agiert, immer größeren Zulauf. Diese Entwicklung beobachte ich durchaus mit Sorge. Während ich hier sitze und über mein Leben nachdenke, fällt mir auf, dass ich mit meinen Töchtern noch nie in aller Einzelheit über meine Kriegskindheit gesprochen habe. Und das ist sicher in Deutschland eher der Regel- als der Sonderfall. In dem Bewusstsein, dass Sarah und Laura diese Zeilen lesen werden, macht es besonders viel Freude – und auch Sinn –, mich hier an meine ersten Lebensjahre zu erinnern.

Geboren wurde ich in Mainz-Kastel, einem Ortsbezirk mit geografischer Besonderheit. Rechtsrheinisch liegt er direkt gegenüber der Mainzer Altstadt und ist mit dieser durch eine große Brücke, die heutige Theodor-Heuss-Brücke, verbunden. Wie der Name schon sagt, gehörte Mainz-Kastel lange Zeit zu Mainz und war historisch gesehen als Schutzwall gegen alle Feinde gedacht, die von der rechten Seite über den Rhein hinweg die Stadt angreifen wollten. Nach dem Zweiten Weltkrieg, als Deutschland unter den Besatzungsmächten aufgeteilt wurde, unterstellte man Kastel der Verwaltung der Stadt Wiesbaden, weil es in der amerikanischen Besatzungszone lag, während Mainz den Franzosen zufiel. So kommt es heute zu der kuriosen Besonderheit, dass Mainz-Kastel ein Ortsbezirk von Wiesbaden ist und dass sich viele der dort Ansässigen der rheinland-pfälzischen Landeshauptstadt wesentlich verbundener fühlen als der hessischen, obwohl sie offiziell natürlich Hessen sind. In diesem besonderen Mainz-Kastel bin ich also groß geworden, dort haben wir bis zum Frühjahr 1945 gewohnt, nahezu die ersten zehn Jahre meines Lebens.

Wir wohnten direkt am Rhein, hatten eine Wohnung im zweiten Stock eines Mehrfamilienhauses und konnten von unserer Loggia direkt auf den Fluss und den Stadtkern von Mainz blicken. Hinter unserem Haus gab es eine Wiese, wo wir Wäsche trocknen konnten, sowie einen kleinen Garten mit einem Pfirsichbaum und Erdbeeren, in dem ich mich nützlich machen durfte. Jätete ich hier beispielsweise Unkraut, bekam ich eine kleine Belohnung von meiner Mutter. Lebhaft erinnere ich mich an meinen heiß geliebten Wipproller, den ich mir durch meine Gartenarbeit verdiente. Vor dem Haus verlief eine Straße, die auf der anderen Seite von einem mit Pappeln gesäumten Fußweg begrenzt wurde, dahinter eine große grüne Wiese und dann der Fluss. Inmitten der Fluten lag die Rettbergsaue, eine natürliche Rheininsel, auf der ein Bauernhof angesiedelt war und die den Fluss optisch in zwei Hälften teilte. Ließ man den Blick noch ein wenig weiter schweifen, sah man linker Hand die Straßenbrücke und drüben auf der anderen Seite die gesamte Pracht der Stadt Mainz: die verschiedenen Kirchen und natürlich den imposanten Dom.

Für ein heranwachsendes Kind war diese Nähe zum Rhein fantastisch, auch wenn es mir und allen Kindern aus der Nachbarschaft strengstens verboten war, am Fluss zu spielen. Wir durften nicht einmal auf die große Wiese, weil wir damals allesamt noch nicht schwimmen konnten. Und in diesem fließenden Gewässer das Schwimmen zu erlernen war natürlich vollkommen ausgeschlossen. Das wäre viel zu gefährlich gewesen. Also sollten wir uns einfach vom Wasser fernhalten. Doch wie das mit Verboten nun mal so ist, hielten wir uns natürlich nicht daran. Wir waren trotzdem am Fluss und versuchten zu angeln. Viel Erfolg hatten wir damit allerdings nicht; nur einmal zogen wir einen kleinen Weißfisch tatsächlich an Land. Das ist kein besonders guter Fisch, weil sein Fleisch voller Gräten ist und eigentlich nach nichts schmeckt, und ein anderer Angler, der ebenfalls dort am Ufer saß, hatte offensichtlich Mitleid mit uns Anfängern und schenkte uns zusätzlich zwei seiner Fische. Als wir diese stolz nach Hause trugen, mussten wir uns natürlich eine andere Version ausdenken. Wir konnten ja schlecht zugeben, dass wir einen der Fische selbst gefangen hatten. Daher tischte ich zu Hause die Geschichte auf, dass uns ein Fischer, dem wir zufällig begegnet waren, die drei Fische geschenkt hatte. Was soll ich sagen? Natürlich nahm mir meine Mutter diese Version der Geschichte nicht ab – sie kannte mich wohl zu gut. Trotz allem war das Rheinufer für uns Kinder selbst im Krieg der schönste Spielplatz.

Direkt als der Zweite Weltkrieg 1939 ausbrach, wurde mein Vater zur Wehrmacht eingezogen. Kurz vor meinem vierten Geburtstag war der Papa plötzlich weg. Zunächst wurde er nach Frankreich geschickt, aber die Versetzung seiner Kompanie an die Ostfront ließ nicht lange auf sich warten. Ich erinnere mich, dass ich die Mama eines Tages ganz aufgelöst vorfand. Sie hatte einen Brief von meinem Vater bekommen, in dem stand, dass er nach Russland musste und auf seiner Fahrt mit dem Zug dorthin in Aschaffenburg umsteigen würde. Für uns war sofort klar, dass wir ebenfalls nach Aschaffenburg fahren würden, um ihn noch einmal zu sehen. Wir machten uns an dem entsprechenden Tag auf den Weg, aber leider hatte unser Zug Verspätung, sodass wir nicht rechtzeitig am Bahnhof eintrafen. Wir verpassten meinen Vater auf seinem Weg gen Osten, worüber meine Mutter todunglücklich war. Auch ich fand es schade, aber nachvollziehbarerweise war ich nicht so traurig wie sie. Als Kind erscheinen einem viele Dinge eben als nicht so wichtig, und man begreift oftmals auch nicht deren Tragweite. So war das auch in diesem Fall. Da ich aber natürlich die tiefe Verzweiflung meiner Mutter spürte, tröstete ich meine Mama und beschloss, von jetzt an auf sie aufzupassen. Seit diesem Augenblick fühlte ich mich wie ihr Beschützer, als Mamas persönlicher kleiner Schutzwall. Dieses Gefühl hat mich sehr geprägt. Seit meiner Kindheit spiele ich eigentlich immer wieder den kleinen Helden, Zuversicht und Optimismus sind mir in Fleisch und Blut übergegangen. Bis heute versprühe ich – zumindest die meiste Zeit – gute Laune und bin ein durch und durch positiv denkender Mensch. Meine Kriegserinnerungen sind entsprechend auch weniger angstbesetzt oder mit negativen Gefühlen aufgeladen. Vielmehr habe ich Szenen im Kopf, wie ich zum Beispiel mit meiner Mutter nach dem Essen in der Küche stehe, sie das Geschirr abwäscht, es mir zum Abtrocknen weiterreicht und wir währenddessen gemeinsam irgendwelche Arien schmettern. Mama hatte eine sehr gute Stimme, und wenn ich konnte, stimmte ich mit ein. Generell war sie den schönen Künsten sehr zugetan, liebte die Oper wie das Theater. Schon als Kind schleppte sie mich mit zu irgendwelchen Bühnenstücken, sogar während des Krieges. Ich erinnere mich an eine Vorstellung der Operette *Die Dubarry* in Mainz, die ganz sicher nicht geeignet war für Kinder unter zehn Jahren, dennoch nahm sie mich mit. So schnupperte ich schon sehr früh Theaterluft, wodurch vielleicht auch mein weiterer Lebensweg beeinflusst wurde.

Meine Mutter bemühte sich außerdem, mir Tischmanieren beizubringen, weil ihr wichtig war, dass ich beim Essen vernünftig mit Messer und Gabel umgehen konnte. Wenigstens alle zwei Wochen gingen wir deshalb in ein Restaurant, das zu der Zeit noch geöffnet hatte. Dort musste ich ihr dann zeigen, was ich gelernt hatte.

Kaum dass ich alt genug war, wurde ich Mitglied der Jugendorganisation der Nationalsozialisten. Wie alle anderen Jungs wollte auch ich zur Hitlerjugend dazugehören und wurde im Alter von neun Jahren vom sogenannten »Jungvolk« aufgenommen, quasi der Vorstufe zur Hitlerjugend. Abgesehen von der obligatorischen Begrüßung »Heil Hitler« verschonte man uns glücklicherweise mit politischen Parolen. Hier ging es vielmehr um eine Fortsetzung der bündischen Bewegung, die nach der Machtergreifung Hitlers plötzlich verboten war. Im Mittelpunkt standen Zeltlager, Lagerfeuer und eben die alten Lieder, die wir dort gemeinsam sangen. Mir gefiel das sehr! Später, nach dem – Gott sei Dank – nicht stattgefundenen »Endsieg«, war ich noch längere Zeit Mitglied bei den Pfadfindern. Ich liebte dieses abenteuerliche Miteinander, die Nähe zur Natur und das Gefühl von Freiheit. Heutzutage weiß jeder, wie wichtig für Heranwachsende die Entwicklung der eigenen sozialen Kompetenzen ist, wie unverzichtbar die Schulung von Teamgeist und Hilfsbereitschaft. Genau das fand bei den Pfadfindern mit ihrem bekannten Motto »Jeden Tag eine gute Tat« statt, eine Art humanistische Bildung. Wir waren beispielsweise in den großen Ferien mit einer Handvoll Jungs drei Wochen lang entweder zu Fuß oder mit dem Fahrrad in Deutschland unterwegs. Mal wanderten wir täglich an die 30 Kilometer durch die hessischen Mittelgebirge, mal fuhren wir von Wiesbaden nach Cuxhaven mit dem Fahrrad. Auf der Rückfahrt schafften wir es allerdings nur noch bis Leverkusen, hielten auf der Autobahn einen Lastwagen an, der uns erschöpft, aber glücklich schließlich nach Hause zurückbrachte – zwei vorn im Führerhaus, die anderen hinten auf der Ladefläche. Das muss man sich heute mal vorstellen: Auf der Autobahn trampen! Damals fuhren dort noch so wenige Fahrzeuge, dass man gefahrlos unter irgendeiner Brücke stehen und sie mit dem Daumen in der Luft anhalten konnte. Ob das erlaubt war, weiß ich heute gar nicht mehr. Zumindest funktionierte es. In den 1950er-Jahren konnten wir auch einfach unsere Zelte an irgendeinem Waldrand aufschlagen, in einem großen Pott etwas zu essen zubereiten und nächtelang gemeinsam am Lagerfeuer sitzen. Wir nutzten große Militärrucksäcke, auch »Affen« genannt, weil ihre Abdeckungen teilweise aus tierischen Fellen bestanden. Auf diesen aufgeschnallt war der große Pott mit bestimmt 40 Zentimetern Durchmesser, der komplett schwarz und verrußt war vom Kochen auf dem offenen Feuer. Unter drei aneinandergelehnten Stöcken, an denen der Pott hing, entfachten wir dann unser Feuer. Heute ist das alles bedauerlicherweise in der Form gar nicht mehr möglich. Deshalb schätze ich mich schon sehr glücklich, dass ich das noch so erleben durfte.

Wenn ich zurückblicke auf meine frühen Jahre, kann ich sagen, ich hatte trotz des Krieges eine tolle Kindheit – jedenfalls bis die Bombenangriffe kamen. Bis 1942 befürwortete der Großteil der deutschen Bevölkerung den Krieg, die Stimmung war spürbar positiv. Auch mein Vater war ursprünglich von den Ideen der Nationalsozialisten angetan, ich denke, die meisten Männer in seinem Alter waren damals Nazis. Meine Mutter dagegen unterstützte alles andere als deren politische Haltung. Bei uns in der Eleonorenstraße, wo wir damals wohnten, gab es eine alte efeubewachsene Villa, in der ein Herr Sonnenschein wohnte. Dieser Herr trug den Judenstern auf der Brust, weshalb irgendwann im Krieg eine Horde Kinder hinter ihm herlief und immer wieder »Jud, Jud« rief. Herr Sonnenschein selbst war es, der meiner Mutter von dem Vorfall erzählte. Er schilderte ihr erschüttert, dass er im Ersten Weltkrieg für Deutschland gekämpft hätte, sogar mit dem Eisernen Kreuz ausgezeichnet worden wäre und sich nun derart beschimpfen lassen müsste. Meine Mutter fragte gar nicht erst, ob ich selbst daran beteiligt gewesen war. Sie nahm mich an die Hand, brachte mich zu ebendieser Villa und sorgte dafür, dass ich mich im Namen der gesamten Kinderhorde bei Herrn Sonnenschein entschuldigte. So dachte meine Mutter!

Dann kam die Schlacht von Stalingrad, und alles veränderte sich. Mein Vater hatte bis kurz vor der entscheidenden Niederlage dort gekämpft. Bei einem dieser Gefechte wurde er an Rücken und Arm schwer verwundet, sodass er aus der Kampfzone ausgeflogen wurde. Mit dem Wissen von heute ist klar, dass er unglaubliches Glück gehabt hatte, denn seine Verwundung bedeutete für ihn die Rettung in letzter Sekunde. Wie verlustreich die Schlacht um Stalingrad endete, ist ja hinlänglich bekannt. Und im Grunde hatte mein Vater gleich doppeltes Glück: Er wurde ausgeflogen und seine Maschine nicht abgeschossen. Die Ju 52 waren relativ langsame Flugzeuge, die dementsprechend leicht vom Boden aus getroffen werden konnten. Natürlich schossen die Russen aus allen Rohren auf alle Maschinen der Deutschen und ihrer Verbündeten, sodass von diesen Maschinen nur wenige überhaupt durchkamen.

Ein Jahr lang lag mein Vater danach im Lazarett. Anschließend, im Jahr 1943, wurde er auf irgendeinem Posten im Generalkommando in Wiesbaden eingesetzt, was für meine Mutter und mich bedeutete, dass er fortan zum Glück immer erreichbar war. Im August 1944 kam dann mein neun Jahre jüngerer Bruder zur Welt – nur wenige Monate vor dem Untergang von Mainz. Schon 1942 hatte es erste schwere Fliegerangriffe der Alliierten gegen die Stadt gegeben, doch im Verlauf des Jahres 1944 intensivierte sich der Luftkrieg noch einmal, um dann im Februar 1945 zum entscheidenden Schlag auszuholen. Innerhalb von zwanzig Minuten wurde Mainz durch einen Bombenangriff der britischen Luftwaffe dem Erdboden gleichgemacht. Die Stadt wurde in kürzester Zeit zu achtzig Prozent zerstört. Und auch unsere Rheinseite, sogar unsere Häuserreihe wurde von den Bomben getroffen. Auf unserer Straßenseite stand Haus neben Haus. Zwischen unserem und dem Nachbarhaus gab es einen Durchgang, sodass die Häuser vielleicht acht Meter voneinander entfernt waren. Ging man in diesen Durchgang, fand sich auf der linken Seite der Eingang zu unserem Haus, auf der rechten Seite der Eingang zum Nachbarhaus. Dieses Nachbarhaus hatte einen gut ausgebauten Luftschutzkeller, wogegen unser Keller mit seinen zur Verstärkung genutzten Holzbalken aussah wie eine zu groß geratene Obstkiste. Sobald der Fliegeralarm losging und das Heulen der Sirenen ertönte, liefen wir jedes Mal hinüber in den Keller des Nachbarhauses, weil wir Angst hatten, in unserem eigenen Keller verschüttet zu werden, falls die abgestützte Decke dem Druck von oben nicht standhalten sollte. An diesem besagten Tag im Februar 1945 ging aber alles viel zu schnell. Kaum dass der Alarm anschwoll, hörten wir bereits die Flieger kommen und schafften es nur noch in unseren eigenen Keller. Als der Angriff vorüber war und wir unverletzt wieder ins Freie stiegen, lag dort, wo zuvor das Nachbarhaus gestanden hatte, nur noch ein riesengroßer Haufen Steine. Das Haus war komplett zerstört, einfach ausradiert. Unsere Nachbarn kamen Gott sei Dank ebenfalls heil aus dem Keller heraus, konnten sich allesamt aus den Trümmern befreien. Ein sechs Monate altes Baby, wie es mein Bruder war, hätte diese Luftdruckwelle aber vermutlich nicht überlebt. Auch unsere Kellertür war mit einer riesigen Staubwelle in den Kellerraum hineingedrückt worden, weshalb wir alle aussahen, als hätte man uns während des Weihnachtsbackens mit Mehl bestäubt. Ich hatte damals durchaus Angst, aber gezeigt habe ich sie nicht. Im Radio hörten wir die ganzen Jahre die geschönten Wehrmachtsberichte, wurden in dem Glauben gelassen, dass unsere Soldaten glorreich an den verschiedenen Fronten kämpften. Immer wieder wurde uns von irgendwelchen Heldentaten erzählt, die wir Kinder natürlich für bare Münze nahmen. Also spielte auch ich ein kleines bisschen den Helden und überspielte damit meine Angst. Das zerstörte Nachbarhaus war durch den Bombenangriff nicht einfach nur kaputt, sondern brannte außerdem. Schnell kamen aus der gesamten Nachbarschaft Menschen herbeigeeilt und bildeten eine lange Kette bis hinunter zum Rhein. Eimer wurden mit dem Wasser aus dem Fluss gefüllt, von Hand zu Hand weiter in Richtung Straße gereicht, um damit das Feuer in der Hausruine zu löschen. Und inmitten dieser Menschenkette stand ich als neunjähriger Pimpf und leistete meinen Beitrag. Als wir später in unserer ebenfalls kaputten Wohnung auf der Loggia standen, sahen wir, was von Mainz übrig geblieben war. Der Fluss leuchtete hell, weil sich die Feuer der Stadt auf der Wasseroberfläche spiegelten. Die gesamte Stadt brannte lichterloh. Einige Kirchtürme ragten noch wie Gerippe aus den Flammen, ansonsten sah man nur ein einziges Feuermeer. Damals wurden verstärkt Phosphorbomben abgeworfen, die als verschärfte Brandbomben ausschließlich darauf ausgerichtet waren, die ausgewählten Ziele niederzubrennen – ganz furchtbares Zeug. Der Phosphor in diesen Bomben war flüssig und trat beim Einschlag sofort großflächig aus, was die Brandwirkung um ein Vielfaches verstärkte. Darum sah man bei Angriffen mit Phosphorbomben auch häufig sogenannte menschliche Fackeln schreiend herumlaufen, die den Phosphor abbekommen hatten und sich sofort entzündeten.

Allerdings muss ich gestehen, dass der Anblick der brennenden Stadt einen extrem faszinierenden Eindruck auf mich machte. So etwas hatte ich noch nie gesehen, weil bis dahin kein so verheerender Angriff in unserer Umgebung geschehen war. Die Tragik dieses Ereignisses war in diesem Moment ganz weit weg für mich. Als Kind nahm ich nur das enorme Feuer wahr. Dieses Bild der brennenden Stadt habe ich bis heute vor Augen. Das war unfassbar und faszinierend zugleich.

In unserem Haus gab es nach dem Bombenangriff kein heiles Fenster und zum Teil auch keine Türen mehr. Weil alles kaputt und unbewohnbar war, wurden wir evakuiert, wie das so schön hieß. Unsere kleine Familie bekam am Rande des Städtchens Bad Soden am Taunus ein Quartier in einer Ziegelei zugewiesen, in einem Haus, in dem eine alte, bösartige Frau wohnte. Eine richtige Hexe, die meine Mutter und uns zwei Kinder mit Argusaugen beobachtete, während mein Vater in Wiesbaden stationiert blieb. Wir drei waren die Einzigen, denen in dieser Gegend Wohnraum zur Verfügung gestellt wurde, weshalb wir von den Einwohnern besonders beäugt wurden. Selbstverständlich waren wir froh und glücklich, dass uns überhaupt irgendwo Unterschlupf gewährt wurde, aber heimisch gefühlt haben wir uns dort nicht. Wir bewohnten ein Zimmer, das hauptsächlich als Schlafzimmer genutzt wurde, und eine schöne Wohnküche mit einem großen Herd, der hauptsächlich mit Holz befeuert wurde. Unser Leben normalisierte sich, ich ging sogar wieder zur Schule, und so erwarteten wir das Ende des Krieges.

Weil die Amerikaner immer weiter vorrückten, wurde die Dienststelle, bei der mein Vater beschäftigt war, von Wiesbaden aus immer weiter in den Osten verlagert, bis hinein in die Tschechoslowakei, wo mein Vater schließlich in amerikanische Gefangenschaft kam. Nach relativ kurzer Zeit hatten die Siegermächte durch ihre territoriale Neuordnung beschlossen, dass die Amerikaner sich aus den ostwärts gelegenen Ländern wie der Tschechoslowakei zurückziehen und die entsprechenden Gebiete an die Russen übergeben würden. Damit wäre mein Vater von der amerikanischen in eine russische Gefangenschaft geraten, was ihm aufgrund der Tatsache, dass er in Stalingrad gekämpft hatte, große Angst machte. Und nicht nur ihm! Gemeinsam mit drei oder vier anderen Kriegsgefangenen floh er aus dieser Gefangenschaft, kurz bevor die Russen das Lager übernahmen. Sie kaperten einen amerikanischen Lkw und fuhren damit zunächst einmal gen Westen. Die Flucht gelang anfangs recht einfach, weil mein Vater und die anderen Männer im Gefangenenlager für den Bau von Wohnunterkünften zuständig waren. Deshalb genossen sie einige Freiheiten, durften beispielsweise außerhalb des Lagers Holz besorgen et cetera. Von einer dieser Besorgungsfahrten kamen sie an dem entsprechenden Tag einfach nicht wieder zurück. Als die Amerikaner ihre Flucht entdeckten, errichteten sie Straßensperren und durchsuchten jedes Fahrzeug. Mein Vater und die anderen Männer gerieten in eine dieser Straßensperren, ließen den Lkw kurzerhand stehen und flüchteten zu Fuß in den Wald, der die Straße umgab. Die Amerikaner eröffneten das Feuer, aber glücklicherweise wurde niemand getroffen. Meinem Vater gelang es tatsächlich, sich bis zu uns durchzuschlagen. Im Mai endete der Krieg, im Juni hatte man das Land in Besatzungszonen aufgeteilt, und im August kam der Papa mit tief ins Gesicht gezogener Schiebermütze auf einem klapprigen Drahtesel ins kleine Städtchen Bad Soden geradelt, möglichst unauffällig. Ich sehe diesen etwas abgerissenen Typen mit Bart noch vor mir! Er war mir in gewisser Weise fremd, denn einen Bart hatte mein Vater nie getragen, und dennoch war die Freude natürlich riesengroß. Die erste Zeit mussten wir ihn bei uns verstecken, weil er sonst wieder in Gefangenschaft gekommen wäre. Vor allen Dingen sollte die alte Hexe nicht mitbekommen, dass mein Vater zurückgekehrt war, weil wir fürchteten, sie könnte ihn denunzieren. Also gaben wir ihn zunächst als einen Freund aus. Es dauerte noch eine ganze Weile, bevor man sich wieder neue Papiere ausstellen lassen konnte, vielleicht ein halbes oder Dreivierteljahr. Solange musste mein Vater unter dem Radar bleiben. Einmal wäre das fast schiefgegangen. Innerhalb des Militärs hatte mein Vater einen niederen Offiziersrang innegehabt und in seiner Kompanie einen Unteroffizier befehligt, der Halbjude war. Ihm hatte er quasi durch sein Stillschweigen das Leben gerettet, wofür dieser Mann meinem Vater gegenüber große Dankbarkeit zeigte. Nach dem Krieg eröffnete er einen Lebensmittelgroßhandel in Wiesbaden. Deshalb fuhr mein Vater eines Tages mit dem Fahrrad dorthin, um ihn nach einem Job zu fragen. Auf dem Weg geriet er in der Stadt in eine von amerikanischen Streitkräften durchgeführte Passkontrolle. Normalerweise wurden Personen, die ohne Papiere erwischt wurden, auf Lastwagen verfrachtet und direkt abtransportiert. Mein Vater sollte gerade auf einen solchen Lkw gepackt werden, als sein ehemaliger Unteroffizier herbeigeeilt kam, dessen Geschäft ganz in der Nähe lag. Vielleicht hatte er den Aufruhr auf der Straße bemerkt. Als er meinen Vater erkannte, ging er zu den Amerikanern, zeigte seinen jüdischen Ausweis und erwirkte, dass mein Vater nicht verhaftet wurde. Dieses Erlebnis ist wieder ein solches Beispiel für die Zufälle des Lebens, wie ich finde. Mein Vater bekam einen Job, damit wieder ein festes Einkommen und neue Papiere. Die Gefahr einer weiteren Inhaftierung war gebannt, sodass wir als Familie neu beginnen konnten.

Auch für mich ging es in eine neue Lebensphase, denn inzwischen hatte man mich auf dem Gymnasium in Frankfurt-Höchst aufgenommen. Wenn ich wochentags zur Schule musste, ging ich mit meinem Vater gemeinsam aus dem Haus. Ein Stück des Weges fuhren wir zusammen mit der Bahn – er Richtung Wiesbaden, ich Richtung Frankfurt. Abends und an den arbeitsfreien Tagen versuchte mein Papa, alles nachzuholen, was er in den Kriegsjahren mit uns Kindern versäumt hatte. Abenteuerliche Sachen haben wir gemeinsam erlebt. Zum Beispiel haben wir uns die Weihnachtsbäume heimlich aus dem Wald geholt, weil es damals keine zu kaufen gab. Diese natürlich verbotene Aktion benötigte jedes Jahr eine gute Vorbereitung, weil wir tagsüber einen Baum aussuchen mussten, den wir sehr sorgsam markierten, damit wir ihn in der Nacht heimlich holen konnten. Im Dunkeln sind wir dann mit der Taschenlampe durch den Wald geschlichen, auf der Suche nach »unserem« Weihnachtsbaum: »Wo war er denn? Wo hat der denn gestanden?« – »Nein, nein, das war doch weiter hinten!« Wir haben auch Feuerholz aus dem Wald geholt oder Äpfel geklaut – es gab ja nichts zu kaufen. Man musste diese illegalen Dinge machen, wenn man überleben wollte. In dieser schweren Zeit hat sich mein Vater sehr für die Familie eingesetzt, und ich habe die Zeit genossen, die ich mit ihm verbringen konnte. Einmal saßen wir in einem Kirschbaum mit ganz dicken, saftigen Herzkirschen – das weiß ich noch, als wäre es gestern gewesen. Obwohl sich mein Vater aufgrund seiner Kriegsverletzung und seines versteiften Arms nicht mehr besonders gut bewegen konnte, kletterten wir nach oben und saßen schließlich inmitten köstlicher süßer Früchte. Wir saßen dort oben und naschten eine Kirsche nach der anderen, als plötzlich in einiger Entfernung ein

Feldschütz auftauchte. Der Name sagt schon alles: Ein Feldschütz war ein Wächter, der meist mit einem Hund über die Felder ging und aufpasste, dass niemand unerlaubt etwas mitgehen ließ. Uns wäre es an den Kragen gegangen, wenn der uns auf dem Kirschbaum erwischt hätte. Wir aber saßen in der Baumkrone und waren mucksmäuschenstill, als der Feldschütz immer näher in unsere Richtung kam. Bewegungslos und die Luft anhaltend warteten wir ab und hofften inständig, dass er einfach an uns vorbeigehen würde – was er tatsächlich auch tat. Er hatte uns nicht entdeckt, obwohl er seinen Hund bei sich führte. Selbst dessen Nase hatte uns nicht gewittert.

Ein anderes Mal nahm mich mein Vater auf eine aufregende Reise Richtung Süden mit, neben einer Lkw-Ladung Wein. Der Chef meines Vaters hatte gute Kontakte ins Rheingau und betrieb einen regen Tauschhandel, wie so viele Menschen zu jener Zeit. Wir saßen also mit einem Fahrer im Führerhaus eines Lastwagens und fuhren nach Sudelfeld in der Nähe von Bayrischzell. Nach erfolgreicher Ablieferung des Weins versuchten wir auf der Rückfahrt, bei den Bauernhöfen, an denen wir vorbeikamen, Streichhölzer gegen Eier zu tauschen. Es war kurz vor Ostern, und Eier waren sehr begehrt, weil es nirgendwo welche zu kaufen gab. Als junger Bub war ich natürlich besonders erfolgreich, weil die Leute einem Kind schwerer etwas abschlagen konnten. Daher brachte ich vierzig oder vielleicht sogar fünfzig Eier mit nach Hause. Das war meine erste Erfahrung mit dieser »Nachkriegsschrottelei«, wie das bei uns hieß. Solche Erinnerungen verbinde ich mit meinem Papa. Wenn der Vater mit dem Sohne ... Sicher hatte er im Krieg schlimme Dinge erlebt, das lag ja auf der Hand, aber er versuchte, diese Erlebnisse irgendwie hinter sich zu lassen, zu vergessen und sich stattdessen dem neuen Leben mit der Familie, dem Jetzt zu widmen.

Meine Mutter war die Konstante in meiner Kindheit und prägte mich entsprechend. Viele ihrer Eigenschaften habe ich unbewusst übernommen. Sie war streng, aber auch liebevoll – für mich einfach eine tolle Mama. In unserem Haus hängt im oberen Stockwerk ein Bild von ihr, und nicht selten, wenn ich an diesem Foto vorbeigehe, sage ich ihr still und leise noch einmal Danke. In meinen Augen hat sie einen richtig guten Job gemacht.

1948 zog unsere Familie von Bad Soden nach Wiesbaden – endlich wieder in eine eigene kleine Wohnung.

Berlin war mein Sprungbrett

1958

Nachdem unsere Familie nach Wiesbaden gezogen war, setzte sich die Leidenschaft meiner Mutter für das Theater, insbesondere das Musiktheater, fort. Die Voraussetzungen waren hier natürlich besonders gut, denn im Hessischen Staatstheater Wiesbaden wurde der Spielbetrieb 1947 wieder aufgenommen, und drei Jahre später startete man hier die Maifestspiele, die fortan einmal im Jahr auch internationale Stars anlockten. Meine Mutter hatte immer ein Abonnement für das Musiktheater, aber sie interessierte sich auch für das Schauspiel. Da mein Vater mit beidem nur wenig am Hut hatte, nahm sie an seiner Stelle mich mit – und das mindestens einmal im Monat. Das Theater war mir daher relativ vertraut, als ich Schultheater zu spielen begann. Selbst schwierige Stücke wie Franz Grillparzers *Der Traum ein Leben* spielte ich dort. Doch trotz der vielen Theaterbesuche mit der Mutter und der eigenen Erfahrungen beim Schultheater zögerte ich lange Zeit, ob ich die Schauspielerei zu meinem Beruf machen sollte. Natürlich gab es Menschen, die mir gut zuredeten, ich sei begabt und solle diesen Weg unbedingt einschlagen, aber ich selbst war davon nicht allzu überzeugt. Dass es am

Ende doch dazu kam, ist im Grunde meinem Mathelehrer zu verdanken. Aufgrund verschiedener Umstände war ich schon 21 Jahre alt, als es um meine Versetzung in die Oberprima ging. Da waren einerseits die Wirren des Krieges, die zu diversen Schulausfällen geführt hatten. Die verschiedenen Umzüge verlängerten meine Schulzeit ebenso wie die Verlegung des Schuljahresbeginns vom Frühjahr auf den Herbst und umgekehrt. Jedes Mal verlor ich Zeit. Zu allem Überfluss musste ich auf dem Gymnasium dann auch noch eine Klasse wiederholen. Deshalb war ich also schon fortgeschrittenen Alters, als mein Sportlehrer, ein paar Wochen bevor es Zeugnisse gab, zu mir kam und meinte, er hätte gehört, dass ich nicht versetzt werden würde. Dieser Lehrer mochte mich sehr, weil ich ein guter Sportler war. Hellauf empört wies ich das von mir, denn eigentlich stand ich in allen Fächern ganz glatt und wusste gar nicht, weshalb meine Versetzung gefährdet sein sollte. Wie sich aber herausstellte, wollte mir mein Mathelehrer im Zeugnis eine Fünf geben mit der Begründung, ansonsten würde es ja überhaupt keine Fünf in der Klasse geben ... Er hielt es für wichtig, dass es in jeder Klasse eine »richtige« Fünf gab, denn so oder so ähnlich hatte er sich vorher noch in unserer Klasse geäußert. Meine Empörung über diese willkürliche Benotung war so groß, dass ich nach Hause ging und entschied, die Klasse nicht noch einmal zu wiederholen. »Jetzt gehe ich ab und pfeife auf mein Abitur.« Gesagt, getan, schmiss ich die Schule ein Jahr vor meinem Abschluss. Weil mein Vater fast noch entrüsteter über den Mathelehrer war als ich, ließen mich meine Eltern gewähren. Ein paar Wochen tat ich zunächst nichts, sondern überlegte, in welche Richtung ich beruflich gehen wollte. Dann versuchte ich mein Glück an einer renommierten privaten Schauspielschule in Wiesbaden und sprach dort mit dem »Cornet« von Rainer Maria Rilke vor. Die Schauspielerin und Gründerin der Schule, Hertha Genzmer, schien beeindruckt von mir zu sein (damals war mir noch nicht bewusst, dass es bei den Schauspielschulen auch immer darum ging, möglichst viele Schüler aufzunehmen. Immerhin war jeder einzelne Schüler eine wichtige Einnahmequelle für die Schule …). Nach dem Vorsprechen wurde ich zu meiner Überraschung sogleich aufgenommen. Da mein Vater diese Ausbildung nicht besonders guthieß, war er auch nicht bereit, die Schule zu finanzieren. »Du kannst machen, was du willst, aber ich habe dich nicht aufs Gymnasium geschickt, damit du hinterher Schauspieler wirst«, war seine Argumentation. So als ob die Schauspielerei ein Beruf wäre, für den es keine Bildung braucht. Damit lag mein Vater wirklich daneben. Die Frage, die sich mir nun stellte, war, wie ich selbst für das Schulgeld aufkommen konnte. Ich durfte zwar weiterhin zu Hause wohnen, musste auch nichts für Kost und Logis bezahlen, aber ansonsten gab es halt kein Geld von meinen Eltern. Doch zum Glück war eine Lösung schnell gefunden: Kurzerhand machte ich einen Sonderführerschein und fuhr von da an Taxi. Eine Woche tagsüber, die darauffolgende Woche nachts, wobei der Nachtdienst profitabler, aber auch beschwerlicher war. Am schlimmsten war für mich, dass das Taxi gründlich gewaschen werden musste, bevor man es der Frühschicht übergeben durfte. Autowaschanlagen gab es damals noch nicht, weshalb man selbst Hand anlegen musste. Morgens um sieben traf ich also mit den anderen Kollegen – mein Chef hatte drei oder vier Taxen – auf dem Waschplatz ein, wo wir mit Schwämmen und Schläuchen die Autos wuschen und wienerten, außen und innen! Erst danach durften wir Feierabend machen und nach Hause gehen. Anschließend schlief ich ein paar Stunden, um dann nachmittags in die Schauspielschule zu gehen. Eine ganze Weile lief das so und funktionierte nach einer kurzen Eingewöhnungszeit auch ganz gut. Da man damals noch keine Funktaxen hatte, stellte man sich an die bekannten Halteplätze bei den Telefonsäulen. Wählte jemand den Taxiruf, so klingelte an diesen Säulen das Telefon, und der Fahrer, der ganz vorn in der Reihe stand, ging an den Apparat und erfragte, wo er seine Fahrgäste einsammeln sollte. Hier reihte ich mich stets ein und lernte während der Wartezeiten meine Rollen oder machte fleißig Sprechübungen, denn ich sprach ja einen gepflegten hochhessischen Dialekt. Im Hessischen gibt es beispielsweise kein gesprochenes »ch«, stattdessen wird jedes »ch« wie ein »sch« ausgesprochen. Lernt man dann Hochdeutsch, muss man sich mühevoll dieses »ch« antrainieren, was auch gern dazu führt, dass man beides ständig verwechselt. Aus dem »Tisch« wird dann schnell mal ein »Tich«. Helmut Kohl war ein Paradebeispiel für solch sprachliche Verwechslungen. Ich saß daher in meinem Taxi und übte die korrekte Aussprache bestimmter Wörter, indem ich vor mich hin redete; Sprachübungen nach dem bekannten Studienbuch *Der kleine Hey*, den Schauspieler in ganz Deutschland verwendeten, um einwandfreies Hochdeutsch zu lernen. Eines Tages fiel mir auf, dass ein paar Fahrer, die genauso auf Kundschaft warteten wie ich, während sie draußen auf einer Bank saßen, irgendwann mitten in ihrer Unterhaltung verstummten und irritiert zu mir herübersahen. Die dachten, dass ich spinne. Später erzählte mir sogar ein Kollege, dass über mich gesagt wurde: »Der Student, der hat sie ned alle, der babbelt immer vor sisch hin.«

In Wiesbaden gab es nach dem Krieg eine ziemlich große Garnison der Amerikaner, da dort das Hauptquartier der US Air Forces in Europa stationiert war. Nur wenige Kilometer vom Stadtkern entfernt lagen der Militärflughafen Erbenheim und die dazugehörige Kaserne, in der die Soldaten untergebracht waren. Die meisten Deutschen hatten zu jener Zeit zu wenig Geld, um sich häufiger ein Taxi zu nehmen, aber die Amerikaner nutzten den Fahrservice sehr regelmäßig. Sie fuhren von der Air Base in die Stadt und später wieder zurück. Das waren immer gute Fahrten, die einfache Strecke brachte in etwa 20 DM ein. Mit etwas Glück konnte man gleich wieder jemanden zurück in die Stadt mitnehmen, wenn man schon mal draußen am Flughafen war. So war auch die eine oder andere Schwarzfahrt mal drin, obwohl ansonsten sehr auf den Kilometerstand des Taxis geachtet wurde. Die Amerikaner sicherten mir einen guten Monatsverdienst, der teilweise so um die 1000 DM lag. Außerdem erlaubten mir die Fahrten mit ihnen, mein einfaches Schulenglisch ordentlich aufzupolieren. Die gängigen Vokabeln hatte ich zwar in der Schule gelernt, aber deren korrekte Nutzung war mir oftmals nicht klar geworden. Durch die vielen Unterhaltungen im Taxi lernte ich den unverkrampften Umgang mit der englischen Sprache in ganz normalen Alltagssituationen. Diese Zeit war gut investiert, wie sich später herausstellen sollte, nämlich als ich zum ersten Mal aus beruflichen Gründen in England war, um mich für eine Rolle zu bewerben. Dort musste ich mich mit den entsprechenden Leuten vom Film, Regisseur, Kameramann und anderen, in deren Muttersprache unterhalten. Da zahlte sich meine Zeit als Taxifahrer ein weiteres Mal aus.

Erste Bekanntschaft mit dem Film machte ich tatsächlich schon zu Schulzeiten in Wiesbaden. Damals wurden in den Studios »Unter den Eichen« regelmäßig Kinofilme gedreht. Dort entdeckte man beispielsweise Karin Dor, die ich noch als Kätherose Derr im Schwimmbad kennengelernt hatte. In den bekannten Filmstudios verdingte ich mich als Komparse und erhielt erste Einblicke, wie das Filmbusiness funktionierte. Da ich ein sehr guter Schwimmer war, wurde ich eines Tages gefragt, ob ich für den Film *Der Major und die Stiere* nicht den Hauptdarsteller Hans von Borsody doubeln könnte. Offensichtlich passte ich vom Typ her, ähnelte dem Sohn von Regisseur Eduard von Borsody, der diesen Film inszenierte, in Aussehen und Statur. Der Hans sollte in einer Szene in die Loisach bei Bad Tölz springen, einem Drehort für die Außenaufnahmen. Diesen Sprung ins Wildwasser traute er sich wohl nicht zu, weshalb nach einem Double Ausschau gehalten wurde. Mir machte die Loisach kein Kopfzerbrechen, sodass ich direkt zusagte. Ich fuhr mit der Crew nach Bayern und absolvierte meinen Sprung in den Fluss. Auch wenn mein Name nicht in der Liste der mitwirkenden Schauspieler auftaucht, so ist der

Film *Der Major und die Stiere* aus dem Jahr 1955 dennoch quasi mein erster Film. Und der Tag, an dem dann tatsächlich der Name Horst Janson in dem Abspann eines Filmes auftauchte, ließ auch nicht mehr allzu lang auf sich warten.

Das Hessische Staatstheater in Wiesbaden hatte ein großes Ensemble, und trotzdem reichten die engagierten Schauspieler nicht aus, um in allen angesetzten Stücken jede einzelne Rolle zu besetzen. Aus diesem Grund kamen die Theatermacher ab und zu in meine Schauspielschule und wählten ein paar passende Greenhorns für die jeweiligen Rollen aus. Ein paarmal hatte ich schon kleinere Rollen ergattern können, und so wurde mir auch in dem Drama *Lorenzaccio* von Alfred de Musset eine kleine Aufgabe übertragen. Dieses Stück wurde mit großem Pomp aufgeführt, weil es sich um eine deutsche Erstaufführung handelte. Es stammte aus dem 19. Jahrhundert, spielte in Venedig und war ein klassischer Kostümschinken. Das komplette Ensemble des Hessischen Staatstheaters war darin vertreten, viele Rollen waren hochkarätig besetzt. Mein Part war der eines jungen Adligen, dessen Schwester von dem Dogen entführt und vermutlich vergewaltigt worden war. Der junge Mann setzte sich daraufhin in den Kopf, seine Schwester zu retten. Ich hatte gerade mal zwei Szenen, dann wurde ich umgebracht, aber zuvor musste ich mich noch heldenhaft mit dem Degen verteidigen. Dieser Einsatz musste dem Talentsucher der damals größten deutschen Filmgesellschaft ganz offensichtlich gefallen haben. Denn ebendieser Dr. John von der UFA hatte sich die Aufführung angesehen und sprach mich hinterher an. Es war gang und gäbe, dass die Theaterszene von den Filmleuten beobachtet wurde und bestimmte Schauspieler auch für den Film angeworben wurden. Wahrscheinlich war ich durch mein Äußeres und die Art und Weise, wie ich mit dem Degen umging, aufgefallen. Jedenfalls bat mich Dr. John um ein Foto, das er mit nach Berlin nehmen wollte. Auf meinen Einwand, dass ich hier in Wiesbaden in die Schauspielschule gehen würde und noch kein Jahr hinter mir hätte, antwortete er, dass sich das eigentlich ganz gut träfe, denn die UFA hätte in Berlin ja ihr eigenes Nachwuchsstudio mit Spitzenlehrern. Also gab ich ihm ein Foto von mir mit. Eines Tages bekam ich tatsächlich einen netten Brief aus Berlin mit dem Angebot, dort zum Vorsprechen und für Probeaufnahmen vorbeizukommen. Leider habe ich diesen Brief nicht mehr; dabei gab er meinem Leben eine entscheidende neue Richtung, denn natürlich nahm ich die Gelegenheit wahr, mich beim UFA-Nachwuchsstudio vorzustellen. Ich fuhr also nach Berlin zur Schauspielschule, die in der Englerallee in einer mittelgroßen, aus den 1930er-Jahren stammenden Villa untergebracht war. Im Haus gab es viele kleinere Räume und einen großen, in dem eine Bühne aufgebaut war, auf der ich dann neben geschätzt 20 weiteren jungen Männern und 25 jungen Frauen vorsprechen musste. Die Probeaufnahmen, die anschließend in den UFA-Studios gemacht wurden, sagten mir nicht sonderlich zu, weil ich ganz stark den Eindruck von Fließbandarbeit bekam. Wir Probanden wurden dort in kürzester Zeit durchgeschleust, ohne dass richtig Notiz von uns genommen wurde. Nur einen der Anwärter hatte der Regisseur in meinen Augen besonders ins Visier genommen, ließ ihn etwas wiederholen und gab ihm regelrecht Regieanweisungen. Bei mir hieß es nur: »Danke. Und der Nächste bitte!« Ich sah meine Chancen also unmittelbar schwinden ... Eine lange Zeit danach hörte ich nichts aus Berlin, dachte schon gar nicht mehr daran. Aber genau an dem Tag, an dem ich mit meinen Eltern in den Urlaub fahren wollte – ich weiß es noch wie heute –, lag der Brief im Briefkasten. Mir wurde tatsächlich ein Ausbildungs- und Optionsvertrag angeboten, der zunächst ein weiteres Ausbildungsjahr vorsah – ein komplettes Jahr hatte ich zu der Zeit schon in Wiesbaden absolviert – und anschließend in einen sogenannten Optionsvertrag überging. Im Anschluss an meine Ausbildung hatte ich der UFA für eventuelle Filmarbeiten zur Verfügung zu stehen, wobei genauestens festgelegt war, welche Gagen für kleinere, mittlere und größere Rollen im Fall der Fälle zu erwarten waren. Ob diese Option seitens der UFA dann wirklich gezogen würde, stand zum Zeitpunkt der Vertragsunterzeichnung noch nicht fest. Da hatte die Filmgesellschaft später vollkommen freie Hand. Ehrlich gesagt musste ich erst einmal überlegen, ob ich dieses Angebot überhaupt annehmen wollte. Aufgrund meiner Theaterbesessenheit stand ich dem Filmbusiness eher skeptisch gegenüber, meine Theaterkollegen rieten mir zudem allesamt ab: »Bleib am Theater – das ist dein Weg!« Irgendwann fragte ich auch den Schauspieldirektor des Staatstheaters Wiesbaden, Detlof Krüger, nach seiner Meinung. »Ich sage dir eins: Wenn du das nicht machst, dann bist du das größte Arschloch, das mir je begegnet ist.« Das waren mal klare Worte! Und wenn es einer wissen musste, dann doch der Schauspieldirektor, oder etwa nicht? Nach und nach begriff ich auch, wie viele Vorteile die Ausbildung bei der UFA mit sich brachte: An dieser Schauspielschule bekam ich ein Stipendium, was konkret bedeutete, dass ich in Berlin umsonst wohnen würde, monatlich erhielt ich ein Taschengeld von, ich glaube, 400 oder 450 DM, extra bezahlt wurden Theater- und Kinobesuche, es gab einen Kleiderzuschuss – und ich wurde automatisch flügge, war endlich auch weg von zu Hause. Je länger ich darüber nachdachte, desto mehr reifte meine Entscheidung. Letztendlich folgte ich 1958 dem Ruf nach Berlin. Außer mir hatte es nur noch Folker Bohnet durch die Aufnahmeprüfung geschafft. Wir beide waren die einzigen Männer, die die UFA nach den Probeaufnahmen aufgenommen hatte.

Ich wohnte in einer kleinen Bude innerhalb einer altehrwürdigen Villa irgendwo im Westend. Ein Auto besaß ich zunächst nicht, fuhr mit dem Bus jeden Morgen in die Schule. In Berlin kommt man ja wunderbar mit öffentlichen Verkehrsmitteln zurecht. Das war damals so und ist bis heute so geblieben. Das UFA-Nachwuchsstudio unter der Leitung der bekannten Schauspiellehrerin Else Bongers, die auch schon Hildegard Knef unterrichtet hatte, hatte einen fabelhaften Ruf und machte diesem auch mit unserem Jahrgang alle Ehre. Hier traf ich Kollegen wie Götz George, Helga Schlack oder Grit Boettcher, später stieß noch Klaus Löwitsch zu unserer Klasse dazu. Insgesamt waren wir 25 oder 30 Schüler, da war also großer Auftrieb. Und mich hatte es zum ersten Mal in meinem Leben aus der mittelgroßen Stadt Wiesbaden mit um die 250 000 Einwohnern mitten ins pulsierende Berlin mit über drei Millionen Menschen verschlagen. Trotz dieses gewaltigen Größenunterschieds gewöhnte ich mich aber recht schnell an mein neues Großstadtleben. Beruflich zahlte sich meine vertragliche Bindung an die UFA früh aus. Direkt nach Beendigung der Schauspielschule übernahm ich eine kleine, aber sehr schöne Rolle in dem zweiteiligen Spielfilm *Buddenbrooks*. Als Morten Schwarzkopf spielte ich die Jugendliebe von Antonie Buddenbrook, genannt »Tony«, die von Liselotte Pulver gespielt wurde. Meine erste Filmrolle bestritt ich also direkt an der Seite der großen, liebenswerten Lilo Pulver, die damals schon ein Star war – das war schon ein Hammer! Und auch die Namen der anderen Kollegen bei dieser Produktion hatten Glanz und Glorie, darunter Gustav Knuth, Hansjörg Felmy und Nadja Tiller. Nach dieser ersten kleinen Filmrolle zweifelte selbst mein Vater nicht mehr an meiner Entscheidung, Schauspieler zu werden. Im Gegenteil, meine Eltern waren schon ein wenig stolz, was mich wiederum sehr bestärkte. Der Erfolg der *Buddenbrooks* ließ glücklicherweise über einen weiteren Film aus diesem Jahr hinwegsehen, in dem viele meiner Jahrgangskollegen aus dem UFA-Nachwuchsstudio mitwirkten. Regisseur Rolf von Sydow, der anschließend auch relativ bekannt wurde, versammelte Klaus Löwitsch, Michael Verhoeven und mich für den Film ... *und noch frech dazu!* vor der Kamera. In der Filmkritik hieß es später: »Misslungener Problemfilm aus dem Halbstarkenmilieu.« So steht es wohl noch heute im *Lexikon des internationalen Films*. Über diese kritische Würdigung kann ich mich bis heute amüsieren! Götz George hatte übrigens Glück: Er steckte schon in einer anderen Produktion, weshalb dieser Kelch an ihm vorüberging. Wir beide wurden nach der Schauspielschule in Berlin von der gleichen Agentin vertreten, Toni Mackeben, die sehr wählerisch mit ihren Klienten war und wirklich fantastische Arbeit leistete. Sie war es auch, die mich wenig später an Helmut Käutner wegen seines neuen Films *Das Glas Wasser* vermittelte. Ein Film der besonderen Art, komplett im Studio Hamburg gedreht. Wieder war das Ensemble mit Gustav Gründgens, Liselotte Pulver, Sabine Sinjen und Hilde Krahl vom Feinsten, aber das Beste war, dass meine Rolle dieses Mal auch schon einen etwas beachtlicheren Umfang hatte. Der Film wurde ein großer Erfolg, von der Kritik hoch gelobt. Ehrfurcht vor den großen Namen am Set hatte ich selbst zu Anfang meiner Karriere nicht, Lampenfieber hingegen schon. Das gehört zu diesem Beruf einfach dazu, sonst baut sich die nötige Spannung nicht auf. Aber Angst vor den Stars der Branche? Nein. Vermutlich liegt es daran, dass ich von allen großen Schauspielkollegen am Drehort immer sehr freundlich und kollegial aufgenommen wurde. Sofort war jeder Anflug von Unsicherheit verschwunden, und ich hatte stets das Gefühl, dass man sich auf Augenhöhe begegnete. Hella, die mich im Laufe der Jahre bei vielen meiner Dreharbeiten begleitet hat, stellte einmal ganz richtig fest, dass Schauspieler der zweiten oder dritten Reihe nicht selten fürchterlich angeben, während die der ersten Reihe einfach nur solide arbeiten. Die haben das Aufplustern halt nicht nötig.

Im Verlauf des Jahres 1961 veränderte sich die Atmosphäre im politischen Berlin, was in der zweiten Jahreshälfte zur Schließung der Sektorengrenze und zum Bau der Mauer führte. Die stetige Abwanderung der meist jungen Leute aus der DDR mit verheerenden Folgen für den dortigen

Arbeitsmarkt brachte die SED-Führung dazu, sich letztlich auch physisch abzugrenzen und den Ostberlinern den Weg in den Westsektor zu versagen. In dieser Zeit lernte ich Monika kennen, die sich an der Hochschule für Bildende Künste zur Grafikerin ausbilden ließ. Eine Gruppierung an der Kunsthochschule hatte es sich zur Aufgabe gemacht, fluchtwilligen Ostdeutschen zu helfen und sie in den Westen zu holen. Im Frühsommer hatte ich unter der Regie von Hans Heinrich noch den Film *Ruf der Wildgänse* in Wien und Kanada gedreht, nur wenige Monate später wurde dieser Regisseur durch die Abriegelung der DDR von seiner damaligen Freundin und späteren Frau, die im Osten der Stadt wohnte, getrennt. Das passierte quasi über Nacht, von einem auf den anderen Tag. Natürlich überlegten wir, wie wir sie zu uns in den Westen holen konnten. Monika nahm Kontakt zu den Fluchthelfern ihrer Akademie auf, die sich auf die Fälschung von Ausweispapieren und Pässen spezialisiert hatten. Diese Leute waren so gut – wohlgemerkt alles künstlerisch begabte Menschen –, dass ihre gefälschten Papiere zu neunzig Prozent für echt gehalten wurden. Es war unglaublich, was die damals hinbekommen haben. Wir übergaben diesen Leuten Fotos von Hans' Freundin und ließen aus ihr, ich glaube, eine Amerikanerin machen. Nach Fertigstellung ihres neuen Passes wurde sie irgendwie kontaktiert, um den Fluchtplan zu besprechen. Wie genau diese Verständigung ablief, weiß ich heute nicht mehr. Sicherlich hatte Hans das übernommen, vermutlich konnte man zu der Zeit noch telefonieren, denn das Telefonnetz der Stadt wurde ja nicht von heute auf morgen gekappt. Auf jeden Fall war ich derjenige, der dann nach Ostberlin geschickt wurde, um ihr den neuen Pass zu übergeben. Westdeutsche Bürger durften weiterhin in den Ostsektor, nur den Westberlinern war das zu jener Zeit schon untersagt. Da ich noch immer mit dem Hauptwohnsitz in Wiesbaden gemeldet war, fiel die Wahl also nicht gerade überraschend auf mich. Als Schauspieler hatte ich gute Gründe, weiterhin nach Ostberlin zu fahren, dort gab es hervorragende Theater, allen voran das Theater am Schiffbauerdamm, das als Spielstätte des legendären Berliner Ensembles, gegründet von Bertolt Brecht, zu großer Berühmtheit gelangte.

Am vereinbarten Tag fuhr ich also mit einem mulmigen Gefühl in meinem grünen VW Käfer, den ich inzwischen von meinem selbst verdienten Geld meinem Vater abgekauft hatte, über die Grenze nach Ostberlin, um mich erstmals als Fluchthelfer zu betätigen. Den gefälschten Pass hatte ich in meinem Fahrersitz versteckt, unter den Bezug geschoben, den ich an einer Stelle aufgeschnitten hatte. Das Risiko war groß, dass man mich an der Grenze anhalten würde, um das Auto zu durchsuchen. Bei dem geringsten Verdacht nahmen die Grenzer die Autos komplett auseinander. Sie fuhren mit verspiegelten Wägelchen unter die Autos und kontrollierten die Karosserie und solche Dinge. Das taten sie allerdings wirklich nur bei einem Anfangsverdacht. Während ich mit meinem Käfer langsam an den Grenzposten he-ranrollte und meinen Pass vorzeigte, rutschte mir das Herz schon eine Etage tiefer in die Hose ... Beim anschließenden Treffen übergab ich Hans' Freundin ihren neuen Pass, mit dem sie zu einer amerikanischen Touristin wurde. Meine Aufgabe war damit erfüllt, und ich konnte erleichtert wieder zurück nach Westberlin fahren. Für den Grenzübertritt, also die eigentliche Flucht, kam eine weitere Person mit der S-Bahn in den Ostsektor, traf sich mit der Freundin und fuhr gemeinsam mit ihr zurück in den Westen. Damals ging das noch, weil bei einem Grenzübertritt die Pässe noch nicht gestempelt wurden. Die Begleitperson war von großer Wichtigkeit, falls bei der Rückreise irgendwelche Fragen aufkamen. Die amerikanische Touristin durfte sich dumm stellen nach dem Motto »I'm sorry but I don't understand«, während die Begleitperson helfend eingreifen konnte.

Da die Gruppierung an der Kunsthochschule nun wusste, dass ich bereit war, Pässe über die Grenze zu schmuggeln, wurde ich gefragt, ob ich nicht auch mal als Begleitung aushelfen könnte. Diese Fluchthelfertätigkeiten mussten sich natürlich auf möglichst viele Schultern verteilen, damit niemand bei den vermehrten Grenzübertritten auffiel. Ein einziges Mal erklärte ich mich dazu bereit, eine mir fremde Person mit der S-Bahn in den Westen zu bringen. Danach beendete ich meine Schleuserkarriere, weil ich es als ziemlich unangenehm empfand und mein Glück nicht über Gebühr herausfordern wollte. Irgendwann wäre vielleicht aufgefallen, dass ich regelmäßig in den Osten gurke …

Die beiden Fluchten, an denen ich als Helfer beteiligt war, gingen Gott sei Dank ohne Zwischenfälle über die Bühne. Dafür bin ich extrem dankbar.

Mit Berlin ging es nach dem Mauerbau atmosphärisch stark bergab. Es war nicht mehr die Stadt, in die ich Ende der 1950er-Jahre mit großer Neugier gekommen war. Zwar zog es mich noch nicht gleich fort, aber richtig wohl fühlte ich mich dort nicht mehr. Die Arbeitsmöglichkeiten für Schauspieler wurden zunehmend weniger, weil sich viele Produktionsfirmen von Berlin abwandten. Anstelle der schwindenden Filmrollen konzentrierte ich mich auf das Theater, das der Grund für mich gewesen war, überhaupt Schauspieler zu werden. Mit Grethe Weiser stand ich in *Das Kuckucksei* im Hebbel-Theater auf der Bühne, und mit Hannelore Elsner spielte ich damals das erste von insgesamt drei Theaterstücken, die wir im Laufe der Jahre gemeinsam bestritten. Einen Film haben wir beide interessanterweise nie zusammen gedreht!

Viele Berliner hatten damals Angst, die Russen könnten kommen und die Stadt übernehmen. Die Stimmung unter den Menschen war angespannt. Monika war als Grafikerin nach Bielefeld gezogen und arbeitete dort für eine Möbelproduktionsfirma. Als sie dort 1965 wieder wegwollte, packten wir beide unsere Koffer und zogen gemeinsam nach München. Im Cosimapark in Bogenhausen wohnten wir in einer schönen Einzimmerwohnung mit einer dreißig Quadratmeter großen Dachterrasse. Sie lag in einem modernen Haus mit Tiefgarage und jeglichem Komfort. Von unserer Wohnung aus hatten wir einen freien Blick über die Häuserdächer bis nach München hinein. Einer unserer Nachbarn war Volker Schlöndorff, der damals als Regisseur noch nicht so bekannt war. Die Münchner Gefilde habe ich seither nicht wieder verlassen, lebe hier seit nunmehr fünfundfünfzig Jahren.

Sport ist kein Mord

Lebenslang

Ein Leben ohne Bewegung kann ich mir nur schwer vorstellen. Schon in meiner Jugend trieb ich viel Sport; besonders das Schwimmen hatte es mir angetan. Und auch wenn ich es erst spät erlernte, vielleicht mit zehn oder elf Jahren, war ich darin ziemlich gut. Nachdem ich die ersten Jahre meines Lebens mit dem Rhein zwar ein aufregendes Gewässer direkt vor der Nase hatte, darin aber nicht das Schwimmen lernen durfte oder konnte, landete ich schon bald nach unserer Evakuierung von Mainz-Kastel nach Bad Soden in einem Schwimmclub. Der Krieg war gerade aus, als ich mich entschloss, endlich schwimmen zu lernen. Freiwillig und ohne Druck von außen klemmte ich mich richtig dahinter. Innerhalb kürzester Zeit gelang es mir, mich vernünftig über Wasser zu halten; kaum mehr als zwei Wochen dürfte das gedauert haben. Und damit war mein Ehrgeiz erst so richtig geweckt. Der Schwimmverein, in den ich eintrat, freute sich über jedes neue Mitglied, weil nach Kriegsende natürlich überall der Nachwuchs fehlte, und kümmerte sich entsprechend intensiv. Eine positive Aufbruchsstimmung war zu spüren. Jeder war froh, dass der Krieg endlich vorbei und langsam eine

Rückkehr zur Normalität möglich war. Von dieser Atmosphäre getragen, warf ich mich ins Training, wurde besser und besser. Nach meinem Wechsel zum »Schwimm-Club Wiesbaden 1911«, einem relativ berühmten Schwimmverein auch über die Grenzen Wiesbadens hinaus, wurde ich Leistungsschwimmer und bestritt wenig später sogar Wettkämpfe. Da es damals in Wiesbaden kein Hallenschwimmbad gab und das Sommerbad von den Amerikanern beschlagnahmt worden war, durfte der Schwimmverein seine Trainingseinheiten im Becken des Schiersteiner Hafens absolvieren. Hier hatten wir ein kleines Vereinshaus und wie im Schwimmbad abgesteckte Bahnen zum Trainieren. So kam ich also doch noch zum Schwimmen im Rheinwasser … Jeden Tag fuhr ich mit dem Fahrrad fünf Kilometer dorthin, um zu trainieren. Meine Disziplin war das Brustschwimmen beziehungsweise der Schmetterlingsstil. Hierzu muss man wissen, dass man zu meiner Zeit beim Butterfly keinen Delfinbeinschlag machte, sondern ebenso wie beim Brustschwimmen die normalen Froschbewegungen. Daher war das damals ein und dieselbe Disziplin; man konnte sich also aussuchen, ob man einen Wettkampf im Brustschwimmen oder im Butterfly bestritt. Ich hatte einen Spezialtrainer, der ausschließlich mich und eine Rückenschwimmerin trainierte und der mir den Schmetterlingsstil beibrachte. Am Ende war ich sogar ein bisschen schneller als er und beherrschte diese Technik ziemlich gut. In meiner Schwimmlaufbahn kann ich daher auf ein paar gewonnene Meisterschaften zurückblicken; ein Jahr war ich sogar Hessischer Jugendmeister!

Mit dem Schwimmen war ich seither wirklich gut beraten, denn es ist eine der besten Sportarten, um den gesamten Körper zu trainieren. Zeitlebens konnte ich von diesem Sport und meinem damaligen Training zehren. Noch heute, wenn ich spüre, dass meine Schulter oder ein anderer Körperteil ein bisschen zu zwicken beginnt, mache ich Übungen, die mir noch von damals in Erinnerung sind, und dann sind die Beschwerden auch schnell wieder vorbei. Die einmal aufgebaute Grundmuskulatur ist Gold wert; das weiß ich aus ebendieser Erfahrung. Und je früher man mit dem Training anfängt, desto besser. Gegenüber Menschen, die niemals in ihrem Leben irgendeinen Sport ausgeübt haben, birgt das einen immensen Vorteil, da die lebenslange Beweglichkeit einfach eine andere ist. Immer wieder stellte ich fest, dass Leute, die nie in ihrem Leben regelmäßig trainiert hatten, mit fortschreitendem Alter schneller dick wurden oder eben nicht mehr so agil waren. Diese Zusammenhänge habe ich als junger Mensch natürlich nicht überblickt, und ich bin mir auch nicht sicher, ob meinem Vater das alles so klar war. Dennoch war er stets hinterher, dass ich mich körperlich irgendwie betätigte. Welche Sportart mich in Bewegung brachte, war ihm dabei vollkommen einerlei: Hauptsache, ich kam aus den Puschen. Natürlich habe ich später versucht, auch meine beiden Töchter aus erklärten Gründen zum Sport zu motivieren, allerdings gelang mir das immer nur kurzfristig. Sie fingen mit Leichtathletik an, danach brachte ich ihnen Tennisspielen bei, was sie beide auch ganz gut beherrschten, Schwimmen sowieso und auch Segeln. Aber ihr Durchhaltevermögen ließ zu wünschen übrig. Jede einzelne Sportart betreiben sie immer nur eine begrenzte Zeit; irgendwann kamen andere Interessen dazwischen, sodass der Sport wieder vernachlässigt wurde. Nur Ski gefahren sind sie die Jahre hindurch ziemlich intensiv; das bleibt hier in Grünwald einfach nicht aus. Alles in allem sind beide Mädchen aber auch ohne jahrelangen Sport ganz fit, was ich sehr positiv finde.

Für mich war der Sport nicht nur körperlich von großer Bedeutung, sondern auch für das Gelingen meiner Schullaufbahn. Als heranwachsender Teenager fand ich die Schule, sagen wir mal, nicht besonders nützlich … Entsprechend sahen meine Noten in einigen Fächern aus. Durch meine Sportzensuren gelang es mir aber immer wieder, die Kastanien aus dem Feuer zu holen. Regelmäßig bot die gute Bewertung hier den notwendigen Ausgleich für jene Fächer, in denen ich nicht so blendend dastand. Latein war beispielsweise ein solches Fach. Mit ein wenig Fleiß wäre es sicher in den Griff zu bekommen gewesen, aber ich war einfach zu faul, um immer und immer wieder Vokabeln zu pauken. So wiederholte auf ermüdende Weise folgende Situation im Unterricht: Unser Lateinlehrer fragte den zu lernenden Wortschatz ab und rief mich mit einem sehr bestimmten »Janson!« auf. Folgsam erhob ich mich, denn das war auf dem Gymnasium damals noch so üblich, und sagte – nichts! Ich hatte ja keine Antwort auf seine Frage, was sollte ich also sagen? Meist gab er mir eine zweite Chance und versuchte es mit einer weiteren Vokabel. Doch auch dann herrschte in meinem Gehirn meist nur schweigende Leere. Also folgte meinerseits wiederum keine Reaktion. Irgendwann kam dann der Lateinlehrer an meinen Platz, strich mir mitleidig über den Kopf und meinte resigniert: »Mein armer irrer Freund.« Einmal schrieb er mir unter eine Lateinarbeit: »Diese Arbeit wurde der Form halber mit 6 benotet. Sie hätte auch 66 genannt werden können.« Der hatte Humor. Und er mochte mich. Meinen Lateinnoten half das allerdings nicht auf die Sprünge …

Im Verlauf meines Lebens probierte ich noch einige andere Sportarten aktiv aus. Im Winter fuhr ich gern Ski, was sich bei einem Wohnort in und um München ja auch sehr anbietet. Die Nähe zu den Bergen ist verlockend; und viele Jahre stiegen wir direkt hinter unserem Haus mit Langlaufski in die Loipe. Inzwischen liegt ja aber selbst rund um München im Winter kaum Schnee mehr. Im Sommer spielte ich mit Hella immer gern Tennis, die einzige Sportart, die sie überhaupt mag. Wir waren ein hervorragendes Team, spielten gut zusammen, was nicht vielen Paaren vergönnt ist. Ich versuchte, ihr die Bälle zuzuspielen, und sie versuchte, mich laufen zu lassen. So hatten wir beide etwas vom gemeinsamen Spiel. Streit gab es dabei so gut wie nie. Nach meiner Hüft-OP würde ich es eigentlich gern mal wieder wagen, ein paar Bälle zu schlagen, aber ich bin mir nicht sicher, ob ich es überhaupt noch kann. Wobei Hella meint, das verlerne man nicht, das sei wie Radfahren. Aufs Rad steige ich aber auch nicht mehr; dabei haben wir sogar ganz moderne E-Bikes. Besser gesagt hatten. Das eine Fahrrad stand ein Jahr lang bei Lauras – inzwischen – Ex-Freund irgendwo in der Garage und fand den Weg nicht zurück in die unsere, bei dem anderen ist der Akku leer.

Tja, und schwimmen gehe ich heute auch nicht mehr, zumindest nicht in Schwimmhallen. Bin ich aber am Meer, gehe ich noch jeden Tag ins Wasser. Das liebe ich nach wie vor.

Eine meiner größten sportlichen Leidenschaften ist das Segeln und vor allem das dazugehörige Schiff. Viele Jahrzehnte legte ich selbst Hand an bei allen Reparaturarbeiten und segelte mit ihm zahlreiche Regatten. Die Vergangenheitsform benutze ich deshalb, weil mein fortschreitendes Alter dann doch dazu führt, dass ich diesbezüglich inzwischen ein wenig kürzertrete. Meiner anfänglichen Leidenschaft tut das aber keinen Abbruch, was jeder bestätigen wird, der mit mir auf das Thema Segeln zu sprechen kommt. Weil es darüber so vieles zu erzählen gibt, widme ich diesem wunderbaren Hobby später noch ein eigenes Kapitel!

Meine Sportlichkeit und generelle körperliche Fitness halfen mir sicher an der einen oder anderen Stelle, bestimmte Rollen zu bekommen. Gleich für meinen zweiten Film *Das Glas Wasser*, den ich bereits erwähnt habe, musste ich das Fechten erlernen, weil ich mir in einer Szene laut Drehbuch einen Kampf mit einem Nebenbuhler lieferte. In Hamburg wurde ich dafür extra vom deutschen Fechtmeister Timothäus, genannt »Tim«, Gerresheim in die Kunst des Florettkampfs eingewiesen. Ein hervorragender Sportfechter. Mehr als zehn Jahre später traf ich im Zuge meiner Titelrolle in dem britischen Horrorfilm *Captain Kronos – Vampirjäger* dann auf eine weitere Fechtkoryphäe, nämlich William Hobbs, der als Theaterfechtmeister viele Inszenierungen am Royal National Theatre in London und anderswo mit seinen spektakulären Fechtchoreografien bereichert hatte. In unserem Fall war er nicht nur Choreograf, sondern spielte auch meinen Widerpart, also den Bösewicht, und kämpfte am Ende des Films das entscheidende Gefecht gegen mich. Diese letzte Fechtszene, das große Finale, dauerte mehrere Minuten; es ging über Tische, Stühle und Bänke. Wir übten hinter den Kulissen in jeder freien Minute, um später Verletzungen zu vermeiden; wir wollten keine Bewegung dem Zufall überlassen. Fechten erfordert eine extrem hohe Konzentration, aber es macht auch irre viel Spaß! Dieser *Captain Kronos* hat heute übrigens eine riesengroße Fangemeinde. Als er herausgebracht wurde, fand er kaum Beachtung, aber mittlerweile gehört er zu den Kultfilmen der britischen Produktionsfirma Hammer, die unter anderem auch die *Dracula*-Verfilmungen mit Christopher Lee verantwortete. Angeblich gehört sogar Regisseur und Oscar-Preisträger Quentin Tarantino zu den Fans dieses Vampirfilms. Dreißig Jahre nach Entstehung des Streifens wurde in London eine Matinee veranstaltet, bei der der Film noch einmal gezeigt wurde und neben mir Caroline Munro und John Cater als weitere Hauptdarsteller anwesend waren. Nach der Filmvorführung gaben wir selbstverständlich Autogramme. Wie in England üblich, stellten sich die Fans ganz geduldig und ordentlich in einer Reihe auf, die sich ewig lang eine Treppe hochschlängelte. Es dauerte allen Ernstes mehrere Stunden, bis wir allen Autogrammwünschen nachgekommen waren. Dabei quälte mich schon stundenlang ein immer größer werdender Hunger ... So etwas hatte ich überhaupt noch nicht erlebt!

Dass ich mit dem Florett fechten konnte, war also hinlänglich bekannt. Für eine Rolle in der englischen Fernsehserie *Smuggler* sollte ich nun aber – wiederum zehn Jahre später – eine Fechtszene mit dem Säbel bestreiten. Weil Säbel unheimlich schwer sind und ich mit dieser Waffe nicht vertraut war, hatte ich extra darum gebeten, dass man das Säbelgefecht nicht gleich an meinem ersten Drehtag einplanen würde. Das Fechten mit einem Säbel ist auch sehr anstrengend, weshalb ich erst noch ein bisschen üben wollte. Was geschah? Natürlich wurde diese Szene direkt am ersten Drehtag gedreht! Dabei holte ich mir einen schlimmen Tennisarm, an dem ich monatelang rumlaborierte. Damals bekam ich den Tipp, mir »Schwedentrunk« aus der Apotheke zu besorgen – ein natürliches Heilmittel gegen entzündliche Beschwerden mit vielen Kräutern. Damit legte ich mir einen Verband am Ellenbogen an, der mit einer Plastiktüte und Klebeband verschlossen wurde, damit nichts raussuppte und die Wirkstoffe an Ort und Stelle blieben. Das Zeug brannte höllisch, mein Arm glühte. Aber nach ein paar Tagen war der Schmerz tatsächlich weg!

Nicht nur das Fechten durfte ich durch meinen Beruf erlernen, sondern auch das Reiten. Als das Angebot bei mir eintraf, eine Hauptrolle in dem Film *Ruf der Wildgänse* zu spielen, hatte ich wie so oft erst einmal nur Augen für die Kollegen, die ebenfalls in diesem Film mitspielen würden. Darunter Marisa Mell, die hübscheste österreichische

Schauspielerin, die es angeblich zu der Zeit gab, und die später mit 53 Jahren an Speiseröhrenkrebs starb. Da es sich um einen österreichischen Film handelte, waren auch die Burgschauspielerin Gertraud Jesserer und die Österreicherin Heidemarie Hatheyer verpflichtet. Aus Deutschland wurden die Schauspieler Ewald Balser, Brigitte Horney und ich engagiert. Welche Rolle ich genau verkörpern sollte, war für mich zunächst einmal zweitrangig. Beim ersten Treffen mit Regisseur Hans Heinrich fragte ich dementsprechend ahnungslos, welche Rolle mir zugedacht war. »Sie spielen einen Cowboy.« Sofort klingelten bei mir alle Alarmglocken! Die nächste Frage des Regisseurs war ebenso einleuchtend wie vorhersehbar: »Können Sie denn reiten?« Ohne zu zögern, antwortete ich wie aus der Pistole geschossen, dass ich selbstverständlich reiten könne – was eine glatte Lüge war. Ich hatte genauso viel Ahnung von Pferden wie die Kuh vom Fliegen, aber ein Zurück gab es nun nicht mehr. Leicht panisch wandte ich mich an meine Agentin und flehte sie um Rat an. »Um Himmels willen, was mache ich denn jetzt? Als Cowboy muss ich doch reiten können!« Sie wäre keine gute Agentin gewesen, hätte sie nicht einen Ausweg aus meiner Misere gewusst. Schon am nächsten Tag schickte sie mich zur Reitschule in Grunewald. Glücklicherweise hatte ich noch ein paar Monate Zeit bis Drehbeginn, und weil ich wirklich fleißig und gewissenhaft auf dem Rücken der Pferde übte, war diese Aufgabe selbst für einen blutigen Anfänger wie mich zu bewältigen.

In den ersten Tagen übertrieb ich es gleich und ritt mir ordentlich den Hintern wund. Doch dank der guten Reitlehrer und der sehr guten Pferde machte ich schnell Fortschritte. Wieder einmal dankte ich dem lieben Gott für meine Sportlichkeit und konnte tatsächlich einigermaßen reiten, als ich zu den Dreharbeiten nach Kanada aufbrach. Gedreht wurde nämlich sowohl in Wien als auch in Übersee mit der Romantik des Wilden Westens. In Kanada lernte ich dann eine ganz andere Art des Reitens kennen. Schon vorab, im Zuge der Innenaufnahmen, die in Wien gedreht wurden, hatte ich mir das Reitequipment, also Sattel und Zaumzeug, ansehen können. Außerdem kannte ich natürlich andere Westernfilme, die damals schon sehr beliebt waren. Ich hatte also eine bestimmte Vorstellung von dem, was mich in Kanada erwarten würde. Dort drüben angekommen war dann aber alles ganz anders. Wir Schauspieler bekamen Originalreitzeug und professionelle Anleitung der dort lebenden und arbeitenden Cowboys, aber vor allem bekamen wir richtig gute Westernpferde. Von einem Tag auf den anderen konnte ich nahezu perfekt reiten, weil die dortige Art zu reiten viel einfacher war als die, die ich gelernt hatte, und weil die Pferde dort so viel besser zugeritten waren. Aufgrund der Tatsache, dass Cowboys bei ihrer Arbeit nur eine Hand für die Zügelführung nutzen können, werden die Pferde im sogenannten »neck reining« trainiert, was übersetzt bedeutet, dass die Pferde über den Hals gelenkt werden. Die Tiere weichen vor der Berührung des äußeren Zügels und ziehen in die entgegengesetzte Richtung nach innen. Damit hat jeder Cowboy eine Hand an den Zügeln und die andere frei für Lasso oder Colt. Dieses Neck-Reining-Reiten funktionierte so gut, dass ich entspannt und bequem mit meinen langen Beinen im Sattel sitzen konnte, ohne mir weiterhin den

Hintern aufzureiben. Es gab Szenen, in denen wir fünfzig Pferde bewegen mussten, immer ein Cowgirl und ich als Treiber, und in denen ich so in meinem Element war, dass sich der Kameramann beschwerte, ich würde gar nicht mehr spielen. Er fuchtelte wild mit den Armen und rief: »Hier! Hier! Du musst auch mal gucken! Du bist Schauspieler und kein Cowboy.«

Das waren wunderschöne Dreharbeiten, weil wir nicht nur an einem Ort arbeiteten, sondern quer durchs Land reisten. Wir drehten in der Provinz Alberta, in Banff sowie in Calgary und in Lake Louise. Interessant war der Aufenthalt in einem Indianerreservat, in dem wir eine Szene mit einem »bucking horse« drehten, also einem Pferd, das abwechselnd mit Vorder- und Hinterbeinen in die Luft springt. Dieser Ritt auf dem buckelnden Pferd wurde allerdings für mich von einem Double übernommen.

Startpunkt der Drehorte war Vancouver Island, wo ich mich bei einem Ritt durch den Wald am Knie verletzte. Dieses Waldstück grenzte an eine Straße, von der aus mein Slalomritt rund um die Bäume gefilmt werden konnte. Leider nahm mein Pferd in dem Baumdickicht eine Kurve zu eng, sodass ich mit dem Knie gegen einen der Stämme krachte. Am nächsten Tag hatte ich ein enorm angeschwollenes Bein, das mich einige Tage handicapte – aber auch ein Cowboy kennt, wie ich seither weiß, keinen Schmerz! Ich ging also voll auf in meiner Rolle und verfügte nach diesen Dreharbeiten über wirklich gute Reitkenntnisse, die mir auch bei späteren Produktionen zugutekamen. Beispielsweise spielten die beiden Filme *Die Zwillinge vom Immenhof* und *Frühling auf Immenhof*, in denen ich gemeinsam mit Heidi Brühl zu sehen war, auf einem Pferdehof. Die beiden Verfilmungen, die 1973 und 1974 ins Kino kamen, knüpften insofern an die berühmten *Immenhof*-Filme der 1950er-Jahre an, als Heidi Brühl in den frühen Filmen als Kind mitwirkte und zwei Jahrzehnte später als erwachsene Frau auf den Immenhof zurückkehrte, der inzwischen an mich verpachtet war. Selbstverständlich wurde in diesen Filmen häufig geritten. Für meine Reitszenen stand mir ein wunderbares Pferd zur Verfügung. Der Besitzer wich nicht von dessen Seite und passte sorgsam auf, dass ich auch gut mit ihm umging. Sogar über ein Gatter bin ich mit diesem Pferd gesprungen; das war wirklich ein tolles Tier. Ganz im Gegensatz zu den Gäulen, die ich später bei den Karl-May-Spielen in Bad Segeberg reiten sollte. Ende der 1990er-Jahre spielte ich hier erstmals mit Gojko Mitić alias Winnetou dessen Blutsbruder Old Shatterhand. Im Grunde freute mich dieses Engagement in Bad Segeberg, denn ich war und bin ein großer Freund der Werke von Karl May. In meiner Kindheit las ich sicher rund sechzig Bücher von ihm. Das war damals der Ersatz für die Reisen, die man nicht machen konnte. Mit unseren Kindern sind Hella und ich später in viele Länder gereist, um Menschen und Kulturen kennenzulernen. Dagegen konnte ich als kleiner Junge fremde Länder nur in meiner Fantasie bereisen. Ich wuchs zwar in einem gutbürgerlichen Elternhaus auf, aber eine Flugreise nach Afrika oder sonst wohin war auch für unsere Familie schlichtweg unerschwinglich. Von dem Geld, das eine solche Reise gekostet hätte, konnten wir damals ein halbes Jahr lang leben … Karl May war mir daher sehr vertraut, und ich sagte die Festspiele, die über den gesamten Sommer gingen, gern zu. Auch Sarah war dort in einer Teenagerrolle besetzt, was mich als Vater natürlich besonders freute. Erstmals spielten wir beide zusammen, dazu noch auf einer einmaligen Freilichtbühne – eine schöne Geschichte! Nur die Pferde ließen leider zu wünschen übrig. Die wurden im Winter ganz offensichtlich zu wenig bewegt und hätten im Sommer erst wieder ordentlich trainiert werden müssen; das passierte aber nicht. Plötzlich hieß es: »Der Janson kann nicht reiten.« Der schlechte Gehorsam der Pferde wurde mir als Reitdefizit angekreidet, was mich durchaus geärgert hat. Als Reiter ist man nämlich immer nur so gut, wie das Pferd es zulässt; das ist eine alte Reiterweisheit. Jedenfalls reichte es mir irgendwann, und obwohl Old Shatterhand in den Karl-May-Erzählungen eigentlich einen Rappen reitet, platzte es schließlich aus mir heraus: »Schwarzes Pferd hin, schwarzes Pferd her, ich will jetzt eines, mit dem ich auch spielen kann.« Ist ja nicht Sinn der Sache, mehr mit dem Pferd zu tun zu haben als mit dem Spielen. Schlussendlich trat ich mit einem hellen, aber folgsamen Schecken auf.

Trotz der Pferde-Odyssee war ich nur wenige Jahre später ein weiteres Mal in Bad Segeberg engagiert: Als Old Firehand, der dieses Mal auf einem gut trainierten Braunen reiten durfte. Noch ein Weilchen später wirkte ich vier Jahre hintereinander an den Süddeutschen Karl-May-Festspielen in Dasing mit. In meinem Beruf nahm ich immer die Rollen an, die mich interessierten, und Karl May gehörte definitiv dazu. Mein einziges Ziel bei meiner Rollenauswahl war stets, mich von dem allergrößten Mist fernzuhalten, was mir, denke ich, im Großen und Ganzen auch gelungen ist.

Eine Rolle, die ich definitiv nicht ohne meine Statur und Athletik bekommen hätte, ist die des Sascha Doria in der 18-teiligen Fernsehserie *Salto Mortale*, die von einer Artistenfamilie erzählt. Wäre ich klein und dick gewesen, hätte man mich mit Sicherheit nicht besetzt, denn natürlich bedurfte es gewisser körperlicher Voraussetzungen, um glaubhaft einen Zirkusartisten zu verkörpern. In erster Linie ging es um die Art, wie sich ein Akrobat generell bewegt, also beispielsweise wie er die Strickleiter im Zirkuszelt hinaufklettert. Das musste professionell, geschmeidig und kraftvoll aussehen, keinesfalls mühsam oder unbeholfen. Außerdem drehten wir im Ansatz auch die artistischen Nummern oben auf dem schwingenden Trapez. Spätestens da mussten wir Schauspieler eine gewisse Sportlichkeit an den Tag legen. Bei den Dreharbeiten lief das folgendermaßen ab: Wir kletterten die Leitern hinauf, ich stieg als »Fänger« auf die Schaukel und fing an zu schwingen, der »Flieger« blieb auf seinem Podest stehen. Als Sicherung war unter uns ein Netz gespannt wie im Zirkus üblich. Danach begab ich mich in den sogenannten »spanischen Kniehang«, was bedeutete, dass ich mit dem Oberkörper nach unten glitt und mit den Kniekehlen an der Stange hing, während die Füße von außen um das Seil gewunden waren. Als Nächstes gab ich das Signal für den Flieger. Das war dann in der Serie der Moment, in dem auf die echten Artisten umgeschnitten wurde und man diese bei ihrer Luftakrobatik beobachten konnte. Für den Regisseur war das damals eine knifflige Angelegenheit. Er hatte einen

Schneidetisch innerhalb des Zirkuszelts auf der Höhe des Trapezes platziert. Von dort aus hatte er den besten Blick auf die Flieger und konnte genau sehen, an welcher Stelle er schneiden musste, damit es hinterher in der Filmsequenz wieder genau zusammenpasste. Das war kompliziert und gelang sicher auch nicht an jeder Stelle so, dass es später unbemerkt blieb. Aber das war natürlich auch der damaligen Technik geschuldet; heutzutage wäre das Ergebnis vermutlich ein besseres. Rückwärts ging die ganze Chose natürlich auch wieder so. Sobald die Flugnummer beendet war, waren wieder wir Schauspieler zu sehen. Wenn der komplette Akrobatikakt zu Ende war, ließen wir uns aus der Zirkuskuppel in das Fangnetz fallen. Wichtig dabei war, dass wir uns genau an dem Punkt fallen ließen, an dem die Schaukel am höchsten schwang, dann trafen wir das Netz am besten. Wir fielen also auf dem Rücken ins Netz und kamen durch den federnden Effekt direkt auf die Beine. Dieser Abgang musste wirklich gut aussehen, denn wenn es mal schiefging, wir nicht schnell wieder auf den Füßen im Netz standen, mussten wir ihn wiederholen. Vom Netz rollten wir uns als Letztes sportlich zurück auf den Boden der Manege. Dafür ging man an den Rand des Netzes, griff dort um und ließ sich elegant auf den Boden gleiten. Diese Abläufe machten wir Schauspieler alle selbst, weshalb wir die artistischen Zirkusnummern durchaus verinnerlichten. Bei all den Trapezszenen, den Sprüngen und Abgängen, ist glücklicherweise nie jemandem etwas passiert. Wir sind alle ohne Verletzungen aus diesen Dreharbeiten herausgegangen. Neben Gustav Knuth und Hans Söhnker spielte als jüngster Sohn der Artistenfamilie mit Hans-Jürgen

Bäumler sogar ein ehemaliger Leistungssportler mit. Die meisten Menschen werden ihn als erfolgreichen Eiskunstläufer noch vor Augen haben. Mit Hans-Jürgen bin ich bis heute freundschaftlich verbunden. Damals hatte er gerade seine heutige Frau Marina kennengelernt, und meine Empfehlung an ihn war eindeutig: »Wenn du die Frau nicht heiratest, bist du ganz schön blöd!« Er nahm meinen ziemlich direkten Rat glücklicherweise an. Zum Dank nannten die beiden ihren erstgeborenen Sohn Bastian. Einen schöneren Freundschaftsbeweis hätte ich mir nicht wünschen können!

Hinaus in die Welt

1967

Mit meiner internationalen Schauspielkarriere war es so wie mit den meisten anderen Dingen auch – sie fiel mir quasi in den Schoß. Zwar war ich schon einige Jahre in Deutschland als Schauspieler viel beschäftigt und regelmäßig in Kino- und Fernsehfilmen zu sehen, aber an internationale Produktionen hatte ich bis dahin nicht einen Gedanken verschwendet, geschweige denn mich in anderen Ländern um Rollen bemüht. Und doch kam meine Agentur plötzlich mit einem Angebot aus England auf mich zu. Der britische Fernsehsender ITV plante eines seiner Wochen-Movies, die jeweils als Film der Woche ausgestrahlt wurden und recht gut bei den Zuschauern ankamen. Die Verantwortlichen suchten einen deutschen Schauspieler für die Produktion, weil diese zum Teil in Deutschland gedreht werden sollte. Der Film trug den Titel *The Small Rebellion of Jess Calvert* und erzählte die Geschichte eines Mädchens aus Yorkshire, das zum ersten Mal seine Ferien außerhalb von England verbrachte. Zum allerersten Mal bewegte sich diese Jess auf dem Kontinent, also »abroad«, das war ihre »kleine Rebellion« – wirklich putzig. Jedenfalls machte dieses Mädchen auf seiner Reise im bayerischen Unterwössen halt und lernte dort im Hotel den Sohn des Hotelbesitzers kennen. Und für diese Rolle wurde ein deutscher Schauspieler gesucht. Die Produzenten des Films schrieben deutsche Agenturen an, wie mir später der Regisseur erzählte, und baten um Fotos infrage kommender Klienten, weil sie selbst keine Ahnung von der deutschen Branche hätten und nicht wüssten, wen sie verpflichten sollten. So landeten diverse Fotos von Schauspielern auf dem Tisch der Filmfirma, die von den unterschiedlichsten Agenturen verschickt worden waren, darunter auch eines von mir. All diese Fotos wurden laut Regisseur auf einen Tisch gelegt, und dann hieß es: »Wen rufen wir nun als Erstes an?« Es gab eine Abstimmung unter den Verantwortlichen, und die Wahl fiel auf mich. Über meine Agentur erhielt ich wenig später die Nachricht, dass ich mich in London vorstellen sollte. Verständlicherweise freute ich mich über diese Chance und die Einladung nach England und machte mich wenig später mit einer gehörigen Portion Aufregung auf den Weg. In London angekommen, war ich erst einmal überrascht, wie nett und freundlich man mir dort begegnete. Der Krieg war noch nicht allzu lange her, und die Ressentiments gegenüber uns Deutschen weltweit noch spürbar. Zunächst lernte ich die Produzenten und den Regisseur kennen, dann gab man mir das Drehbuch zu lesen. Ungefähr zwei Stunden schloss ich mich in einem kleinen Kämmerchen ein und beschäftigte mich mit dem Plot des Fernsehfilms. Danach setzten wir uns ein oder zwei Stunden zusammen und unterhielten uns über die Story. Irgendwann fragten sie mich, ob sie mir gefällt, was ich bejahte, und in meinem

Hinterkopf sagte ich zu mir: »Jetzt ist es so weit, jetzt wollen sie ein paar Probeaufnahmen von dir machen und sehen, was du draufhast ...« Das dazugehörige Gefühl war nicht sonderlich schön, denn ich mochte diese Castings noch nie so besonders. Aber es geschah nichts dergleichen; niemand ergriff die Initiative und nahm mich mit vor eine Kamera. Für mich war das ein eindeutiges Zeichen, dass das Interesse an mir offensichtlich nicht sonderlich groß war. Irgendwann luden mich die Filmemacher zum Essen ein. Wir gingen in ein wirklich tolles, typisch englisches Restaurant im Savoy Hotel, einem opulenten und geschichtsträchtigen alten Hotel direkt an der Themse. Im Restaurant war alles vom Feinsten: Die Ober servierten im Frack und schoben Servierwagen mit Silberhauben darauf durch den riesigen Raum mit verschnörkelten Holzdecken. Es war, als hätte man eine Zeitreise zurück in die Belle Époque gewagt. Unter den edlen Hauben lagen saftige Roastbeefs, die darauf warteten, vom Kellner in Scheiben geschnitten und auf die Teller gelegt zu werden, bis der jeweilige Gast Stopp sagte. Das alles war extrem beeindruckend für mich, da ich noch nie zuvor in solch einem luxuriösen Restaurant gewesen war. Wir Filmleute saßen alle an einem großen Tisch zusammen, waren insgesamt vielleicht zehn Leute. Und alle wollten sie etwas von mir, dem Deutschen, wissen. Einer aus der Runde sprach sogar ein bisschen meine Sprache, weil er zuvor schon mal in Deutschland gewesen war, im Krieg oder weiß der Teufel wann. Eigentlich war es ein sehr unterhaltsames Essen, das ich aber gar nicht so richtig genießen konnte, weil ich innerlich doch noch sehr angespannt war. Ich wunderte mich die ganze Zeit, wie es jetzt weitergehen würde. Zuletzt fragte mich der Produzent dann endlich, ob ich die Rolle denn gern spielen würde. »Das würde ich, ja, sicher. Deshalb bin ich doch hier«, erwiderte ich ein wenig verunsichert. Daraufhin meinte der Regisseur zu mir: »Okay, wenn Sie möchten, dann können Sie die Rolle haben.« Diese plötzliche Zusage war komplett surreal für mich, ich dachte nur: »Das gibt es doch gar nicht.« Das Beste aber kam zum Schluss! Ich bekam nämlich noch einen guten Rat mit auf den Weg: »Ihre Englischkenntnisse sind zwar okay, aber Sie sollten versuchen, diesen amerikanischen Akzent etwas abzulegen, der geht nun gar nicht in England.« Ja, meine Taxi fahrenden amerikanischen Freunde aus Wiesbaden ließen grüßen …

Die Sache mit dem Akzent fand ich in England von Beginn an sehr speziell. Engländer haben diesbezüglich ein sehr feines Gehör und erkennen quasi immer, wenn jemand nicht auf der Insel geboren wurde. Ich lernte Schauspieler kennen, die vor dem Krieg immigriert waren, bereits vierzig Jahre in England lebten und arbeiteten. Die hatten für mich keinen hörbaren Akzent mehr, aber für einen Engländer schon. Nun könnte man argumentieren, dass »native speakers« diese feinen Unterschiede natürlich immer hören, unabhängig davon, wie lange jemand schon im eigenen Land lebt. Von mir selbst ausgehend kann ich dieser Argumentation aber nicht folgen. Ich habe so manchen Türken erlebt, der so perfekt Deutsch sprach, dass ich niemals davon ausgegangen wäre, dass er eine andere Muttersprache als die deutsche gelernt hatte. Scheinbar funktionieren da deutsche Ohren anders als englische.

Mein Vorteil war es, dass englische Schauspieler, die versuchten, einen deutschen Akzent zu imitieren, fürchterlich hart klangen. Für diese Fälle nahmen die englischen Produktionsfirmen dann tatsächlich lieber deutsche Schauspieler, die Englisch sprechen konnten und nur einen leichten Akzent hatten. So hatte ich das Glück, viele Jahre immer wieder tolle Angebote aus England zu bekommen. Im Grunde waren all meine internationalen Projekte überwiegend englische Produktionen. Sie ermöglichten es mir auch, in der ganzen Welt zu drehen.

Meine ersten englischen Dreharbeiten führten mich aber zunächst einmal nach Bayern. Obwohl es ein Urlaubsfilm war, der im Frühsommer spielte, war es während der Filmaufnahmen noch relativ kalt. Wir drehten dick eingemummelt bei einstelligen Außentemperaturen. Besonders in Erinnerung geblieben ist mir eine Szene, in der ich in einen See springen sollte. Das Wasser hatte zwölf Grad, und es regnete unablässig. Deshalb wartete ich noch in einen Bademantel eingepackt unter einem großen Schirm darauf, dass der Regen nachlassen würde. Man konnte durch die Kamera sehen, wie die Regentropfen immer weiter kleine Kreise auf der Wasseroberfläche produzierten – und das sollte im frühen Sommer natürlich nicht sein ... Als tatsächlich der Himmel kurz aufklarte, hieß es, schnell raus aus dem Bademantel und ab in den See. Die Kamera lief, der Regisseur rief: »Action!« – und ich sprang. »Very good, very good. But, sorry, we have to do it again!« Was war geschehen? Genau in dem Augenblick, als ich ins Wasser gesprungen war, hatte der Regen wieder auf dem Wasser zu tanzen begonnen. Wir mussten die Szene also noch einmal drehen, mich wieder vorbereiten und ein weiteres Mal auf besseres Wetter warten. Auch wenn nach dem zweiten Sprung alles im Kasten war, so holte ich mir dennoch bei dieser Szene die Erkältung meines Lebens …

The Small Rebellion of Jess Calvert kletterte in England tatsächlich in der Woche der Ausstrahlung auf Platz eins, wurde also in der entsprechenden Fernsehwoche von den meisten Zuschauern angesehen – ein Wahnsinn. Da ich in diesem Film eine der männlichen Hauptrollen gespielt hatte, wurde ich in England über Nacht bekannt. Am Tag darauf klingelten die Telefone heiß: »Wer war denn der junge Mann da gestern im Fernsehen? Den haben wir ja noch nie gesehen.« Im Laufe dieses Tages bekam ich fünf oder sechs Angebote von englischen Schauspielagenturen, die mich vertreten wollten. Weil ich keine Ahnung hatte, welche Agentur gute Arbeit leistete und welche nicht, fragte ich den Produzenten unseres Films nach seiner Empfehlung. Er riet mir zur Agentur »Fraser and Dunlop«, die auch ein Script-Department beheimatete, also eine ganze Abteilung, die sich nur mit Drehbüchern beschäftigte. Diese Abteilung hatte extrem gute Kontakte zu den großen Produktionsfirmen des Landes und bekam teilweise im Vorlauf geplanter Filme die Drehbücher zur Ansicht, um Besetzungsvorschläge für die einzelnen Rollen machen zu können. Das funktionierte in England ganz anders als bei uns. Oftmals wurde hierzulande versucht, das englische System zu kopieren, aber leider mit wenig Erfolg. Dort drüben waren die Fachleute für Drehbücher in den Agenturen integriert. Dieser Umstand faszinierte und lockte mich, sodass ich mich mit dem Agenten zu einem ersten

Treffen verabredete. Jimmy Fraser war ein sympathischer Schotte, der einen Wohlstandsbauch vor sich hertrug und gern Zigarre rauchte. Ich mochte ihn auf Anhieb und ließ mich gern von ihm in England vertreten. Viele Jahre lang war Jimmy mein Agent und machte einen verdammt guten Job. Bis Mitte der 1980er-Jahre wurde ich regelmäßig für englische Fernsehspiele und Kinofilme gebucht, wobei mir über ihn ausnahmslos Hauptrollen angeboten wurden; ich habe ihm wirklich viel zu verdanken. Wie sich später herausstellte, war Jimmy »vom anderen Ufer« und machte mir ein einziges Mal auch ganz konkrete Avancen. Ich war seiner Einladung zu ihm nach Hause gefolgt, als er auf mein Klingeln die Tür öffnete, mich umarmte, mir dann aber noch bevor ich etwas sagen konnte, einen Kuss auf den Mund drückte – und gleich seine Zunge hinterherschob! Ich meinte nur: »Jimmy! Ich bin *nicht* schwul und *nicht* interessiert.« Nicht, dass ich jemals ein Problem mit der sexuellen Orientierung von Menschen zum gleichen Geschlecht gehabt hätte, aber das ging mir dann doch zu weit. Glücklicherweise war meine Reaktion für ihn vollkommen in Ordnung. Er mochte mich, und ich mochte ihn, aber mehr war da eben nicht.

Jimmy war auch nicht der einzige Mann, der mal ein Auge auf mich geworfen hatte. Auf mich sind die Herren durchaus geflogen, aber so weit reichte meine Neugier nicht. Der Mann, der mich für die *Buddenbrooks* besetzte, war beispielsweise hinter mir her wie der Teufel hinter der armen Seele. Ständig lud er mich ein, mit ihm nach Travemünde ins Hotel Maritim zu fahren und das Wochenende mit ihm zu verbringen, dort gebe es ein großartiges Casino … Ich erfand eine Ausrede nach der anderen, nur um ihm nicht sagen zu müssen, dass von meiner Seite kein Interesse bestand. Heute würde man vielleicht direkt werden: »Du, vergiss es, ich bin nicht schwul.« Zu den Zeiten war Homosexualität aber noch verboten! Da sprach man nicht so einfach drüber. Meine ständigen Ausreden zeigten trotzdem Wirkung: Irgendwann gab dieser Mann seine Bemühungen auf. Besetzt hat er mich allerdings auch nie wieder.

Interessanterweise war es bei einem englischen Fernsehspiel, in dem ich zum ersten Mal einen homosexuellen Mann spielte. Das war in einer Folge von *Upstairs, Downstairs*, hierzulande besser bekannt unter dem Titel *Das Haus am Eaton Place*. In den 1970er-Jahren gehörte die Serie, die das Leben der Londoner Familie Bellamy und ihrer Bediensteten vor dem Ersten Weltkrieg beleuchtete, zu den erfolgreichsten im deutschen Fernsehen. Ich spielte einen deutschen Baron, der zu Spionagezwecken nach England geschickt wurde und sich in die Familie von Richard Bellamy, gespielt von David Langton, einschlich. Diesem Baron ging es einzig und allein um geheime Informationen über die britische Flotte, während er mit der Tochter der Familie aus reiner Berechnung scheinbar anbandelte. Doch dann stellte sich heraus, dass der Herr Baron den Frauen gar nicht zugetan, sondern homosexuell war, weil er nämlich in flagranti mit einem der Diener erwischt wurde – gezeigt wurde das in der Serie freilich nicht. Dem enttäuschten Töchterchen sagte man am nächsten Tag: »The baron left for Germany«, weil dieser bei Nacht und Nebel das Land verlassen musste.

Leider wurde meine Folge nie in Deutschland ausgestrahlt. Es war nämlich die Zeit, als das Farbfernsehen aufkam. Die Engländer waren diesbezüglich Vorreiter, aber weil die Farbkameras größer und schwerer waren als die Schwarz-Weiß-Kameras und schwieriger zu handhaben, streikten die englischen Kameraleute. Der Grund war natürlich, dass sie mehr Geld für ihre Arbeit bekommen wollten. Den Filmschaffenden in England ging es generell viel besser als denen in Deutschland. Sie hatten dort eine starke Gewerkschaft und damit auch sehr gute Arbeitsbedingungen. Die Kameraleute forderten nun aufgrund der höheren Belastung mehr Geld, was aber die Produzenten nicht bereit waren zu zahlen, also drehten die Kameraleute einfach weiter in Schwarz-Weiß. Das betraf nicht nur meine, sondern noch ein paar weitere Folgen. Dies wiederum war für das ZDF, das die Serie für den deutschen Markt einkaufte, ein Ausschlusskriterium; der Sender wollte nur Folgen in Farbe, weshalb meine nie den Weg ins deutsche Fernsehen fand. Aber glücklicherweise gibt es inzwischen ja alles auf DVD, sodass ich die Folge, in der ich dabei war, Jahre später auch noch einmal angesehen habe. Ich war ganz überrascht, wie gut das doch alles aussah. Generell gucke ich mir meine Arbeiten eher selten an. Es ist einfach merkwürdig, sich selbst in den unterschiedlichen Rollen zu sehen. Nicht jede ist mir gleichermaßen gut gelungen, da bin ich selbstkritisch genug. Und auch nicht jeder Film ist das Ansehen wert. Beim *Bastian* und bei *Salto Mortale* habe ich allerdings eine Ausnahme gemacht: Die Folgen habe ich mir alle komplett angeschaut. Manches ist dann eben doch sehenswert und selbst für mich ganz gut zu gucken.

Die britischen Filme und Serien drehte ich natürlich in englischer Sprache. Die einzige Ausnahme war *Murphy's War*, in dem ich – bereits zehn Jahre vor dem Wolfgang-Petersen-Blockbuster *Das Boot* – einen deutschen U-Boot-Kommandanten spielte, der kurz vor Ende des Zweiten Weltkriegs vor der Küste Südamerikas einen englischen Frachter torpedierte und das Handelsschiff mit Mann und Maus versenkte. Als deutscher U-Boot-Kommandant sprach ich mit der eigenen Mannschaft natürlich kein Englisch, sondern Deutsch. An diesen Stellen gab es dann im Film Untertitel. Nur in vereinzelten Szenen sah das Drehbuch vor, dass ich Englisch sprechen sollte.

Die Geschichte des Films war durchaus realistisch. Beispielsweise operierten deutsche U-Boote im Zweiten Weltkrieg tatsächlich bis weit in den Atlantik hinein. Und noch ein Detail entsprach der Realität, nämlich dass Rettung suchende Überlebende eines attackierten Schiffes entweder sich selbst überlassen oder sogar erschossen wurden. Als der einzige Überlebende des Frachtschiffes, nämlich Murphy, erfuhr, dass der Rest seiner Leute mit Maschinengewehren hingerichtet worden war, schwor er Rache und begann seinen unerbittlichen Kampf gegen den deutschen U-Boot-Kommandanten. Peter O'Toole spielte Murphy, der seinen kleinen Privatkrieg dort am Orinoco entfachte. Als Kommandant einer Unterwassereinheit, die generell als ziemlich speziell gelten und sich oftmals nicht an die gängige Etikette halten sollen, war auch mein Commander Lauchs eher unangepasst. Er trug beispielsweise ein Edelweiß an der Mütze, was überhaupt nicht den Vorschriften der Marine entsprach, ihm aber egal war, weil sein Bruder bei den Gebirgsjägern diente. Sein U-Boot lag wegen eines Maschinenschadens, zugehängt mit Netzen und Camouflage, in einem Seitenarm des südamerikanischen Flusses, als der Krieg plötzlich durch die bedingungslose Kapitulation der Deutschen beendet wurde. Die U-Boot-Besatzung konnte ihr Glück kaum fassen und feierte das Kriegsende, während Murphy ein altes Flugzeug entdeckte, wieder flottmachte und zum Kampfbomber umrüstete. Er führte seinen Krieg bis zum bitteren Ende fort, vernichtete nicht nur das U-Boot, sondern ging am Schluss auch selbst mit drauf. *Das Wiegenlied der Verdammten*, wie der Film auf Deutsch heißt, zeigte die ganze Sinnlosigkeit des Krieges und ist für mich einer der besten Antikriegsfilme aller Zeiten. Tatsächlich halte ich ihn für eine meiner wichtigsten Arbeiten – und eine meiner schönsten! Wir verbrachten damals ein Vierteljahr in Südamerika am Orinoco. Das war einmalig und ungemein interessant. Wir drehten natürlich nicht nur auf dem Wasser, sondern auch an Land. Teilweise mussten wir morgens mit mehreren Autos eine Stunde auf staubigen Wegen durch den Urwald bis zum jeweiligen Drehort fahren. Weil dort die Natur noch unberührt war, fuhr man statt auf asphaltierten Straßen auf trockenem, feinem Sand. Diese großen amerikanischen Autos wirbelten den ganzen Staub auf, bis er durch die undichten Türen ins Wageninnere drang. Es gab allerdings auch einen Hubschrauber, den die Produktion für die Stars des Films abgestellt hatte. Hierin flogen Regisseur Peter Yates, der ein paar Jahre zuvor den viel beachteten Film *Bullitt* mit Steve McQueen gedreht hatte und dadurch hoch gehandelt wurde, sowie natürlich Peter O'Toole samt seiner Frau Siân Phillips, die ebenfalls in dem Film mitspielte, zu den entfernteren Drehorten. Da konnte ich nicht mithalten, lag bislang definitiv eine Klasse unter dem Hubschrauberflug … Eines Tages aber drehten wir eine komplizierte Szene, in der ich in einem aus der Kolonialzeit stammenden spanischen Fort einen abgestürzten englischen Fliegerpiloten umbringen musste. Wir waren einen ganzen Vormittag damit beschäftigt. Als einige Zeit später die Muster bei uns eintrafen, war Yates ziemlich angetan davon, wie ich diese Szene hinbekommen hatte. Heutzutage sieht der Regisseur parallel zum Dreh das Kamerabild und weiß sofort, wie es später auf der Leinwand oder dem Bildschirm aussehen wird. Aber damals musste man zunächst einige Muster bearbeiten lassen, um einen Eindruck von den einzelnen Szenen zu bekommen. Jedenfalls hatte ich diese wichtige Szene anscheinend so überzeugend gespielt, dass ich anschließend zusammen mit O'Toole und Yates mit dem Hubschrauber fliegen durfte!

Aber dann passierte mir ein folgenschweres Malheur: Eines Abends saß ich nach einem anstrengenden Drehtag mit dem Regisseur in der Maschine und wartete auf den Rücktransfer zu unserer Unterkunft. Die Rotorblätter drehten sich schon, während der Hubschrauber noch auf dem Boden stand, weil der Pilot noch irgendetwas zu erledigen hatte. Yates und ich tranken beide schweigend eine Dose Coca-Cola. Als meine leer war, warf ich sie kurzerhand aus dem Fenster – und erschrak nur eine Sekunde später fürchterlich. Durch den Sog der sich drehenden Rotorblätter wurde die Dose hochgezogen und verursachte einen riesigen Krach, als sie zwischen die harten Flügel geriet. Der Pilot raufte sich die Haare und kontrollierte panisch seinen Hubschrauber. Tatsächlich hatte eines der Rotorblätter etwas abbekommen und war am Rand nun mit ein paar Zacken gezeichnet. Normalerweise würde so ein Hubschrauber auch mit einem leicht beschädigten Rotorblatt weiterfliegen, trotzdem war es natürlich eine Gefahrenquelle, sodass entschieden wurde, das Rotorblatt auszuwechseln. Nun gibt es im Urwald natürlich nicht gerade an jeder Ecke eine entsprechende Werkstatt, weshalb das Rotorblatt aus den USA eingeflogen werden musste. Ein paar Tage war der Hubschrauber außer Gefecht gesetzt, und alle mussten in dieser Zeit mit dem Auto fahren. Erstaunlicherweise nahmen es alle mit Humor, und niemand machte mir Vorwürfe. Dennoch war es natürlich eine peinliche Situation für mich – auch wenn man nicht zwingend davon ausgehen kann, dass jeder genau weiß, was passiert, wenn man eine Getränkedose unter sich drehende Rotorblätter wirft ... Diese Lektion habe ich gelernt! Nachdem das Ersatzteil montiert war, durfte ich übrigens trotz meines Fauxpas weiter mit dem Hubschrauber fliegen.

Zu Beginn dieser Produktion wohnten alle an den Dreharbeiten Beteiligten auf einem gecharterten Schiff, einem mittelgroßen, ausgemusterten griechischen Kreuzfahrtschiff, das auf dem Orinoco vor Anker gegangen war. Der Hotelersatz war unser Aufenthaltsort, wo wir uns jenseits der Arbeit die Zeit vertrieben. Es gab an Bord eine Tischtennisplatte – zur großen Freude von Peter O'Toole. Er war ganz verrückt nach dieser Sportart und ließ sich gern zu ein paar Matches herausfordern. Ich persönlich war kein begeisterter Tischtennisspieler, bin es nie gewesen. Aber ich konnte es wenigstens ein wenig spielen, denn diese

Sportart war die einzige, die man nach dem Krieg überall ausüben konnte. Eine Platte hatte man sich damals schnell beim Schreiner besorgt, und zwei Schläger ließen sich auch irgendwie improvisieren. Schnell machte unter uns die Runde, dass O'Toole es liebte zu gewinnen. Also sahen alle zu, dass er als Sieger aus den Spielen hervorging. Nur zwischendurch fegten wir ihn auch mal von der Platte, sonst wäre unsere Taktik ja aufgefallen. Die meiste Zeit aber ließen wir ihn gewinnen, sodass er hinterher so glücklich und zufrieden war, dass er für alle einen Drink ausgab.

Leider war unser Aufenthalt auf dem Schiff nur von kurzer Dauer, denn schnell merkten alle, dass dieses Schiff nicht der wahre Jakob zum dauerhaften Wohnen war. Peter O'Toole und Siân Phillips hatten in der nächstgelegenen Stadt Puerta Ordaz ein schönes Hotel entdeckt und sich von der Filmproduktion ein Zimmer dort organisieren lassen. Sofort kam der Franzose Philippe Noiret, der ebenfalls eine Hauptrolle innehatte, mit der gleichen Forderung um die Ecke: »Wenn der O'Toole ins Hotel zieht, dann gehe ich auch dahin!« Da dachte ich mir, das probierst du jetzt auch. »Jetzt sind die alle abgewandert; nun möchte ich auch umziehen«, begann ich das Gespräch. Vorsichtshalber hatte ich vorher in meinem Vertrag nachgelesen, dass mir außer in Bezug auf die Bezahlung dieselbe Behandlung zustand wie den Starschauspielern dieses Films. Natürlich versuchte der Produzent zunächst, mein Anliegen abzuwiegeln, es könne nun nicht die gesamte Mannschaft ins teure Hotel umziehen. Nachdem ich ihm aber die Vertragsvereinbarungen gezeigt hatte, stimmte er mir sofort zu. »You may stay in the hotel as well.« Der hatte gar nicht gewusst, was dort in meinem Vertrag stand. Nachvollziehbar, dass er Kosten sparen wollte, aber sobald er von den Vertragsdetails erfuhr, organisierte er ein Hotelzimmer für mich. Der war eigentlich ein netter Kerl. Den Vertrag hatte natürlich wie immer Jimmy Fraser für mich ausgehandelt; da sieht man mal, worauf ein guter Agent so achtet.

Am Orinoco war ich auch auf meiner ersten und einzigen Krokodiljagd! Der wahre Kommandant des venezolanischen U-Bootes, auf dem wir drehten, war ein komischer Kauz und ein Hitler-Anhänger noch dazu. Er machte sich gern einen Spaß daraus, die Hakenkreuzflagge zu hissen, sobald ein ausländischer Frachter sein U-Boot passierte ... Dieser Kerl ging mit ein paar Mannen regelmäßig mit dem Schlauchboot auf Krokodiljagd und nahm mich eines Nachts mit. Ein Krokodil fingen wir zwar nicht, geschossen wurde aber sehr wohl. Der Uhu, der sich im Unterholz bewegte, bezahlte seine Jagd mit dem Leben.

Im Grunde wurde ich bei den internationalen Produktionen immer sehr hofiert, Flüge in der ersten Klasse waren selbstverständlich, in den Hotels wurde nichts unter einer Suite gebucht, und oftmals wurde sogar Hella mit zu den Dreharbeiten eingeladen. Das war wirklich luxuriöses Arbeiten. Teilweise wurde ich ungesehen besetzt, musste also nicht einmal Probeaufnahmen machen. Bei *Murphy's War* war es zum Beispiel so, dass allein das Wort von Jimmy Fraser ausreichte, um mich neben Peter O'Toole zu verpflichten. Seine Meinung hatte so viel Gewicht, dass man ihm blind vertraute. Bei anderen Produktionen lief es dagegen ganz herkömmlich ab: Erst kamen die Anfragen, und dann musste ich mich vorstellen. Meist dachte ich gar nicht groß darüber nach, ob ich eines dieser internationalen Rollenangebote annehmen wollte – sie waren alle gut, selbst die kleinen. Als ich für den Kriegsfilm *Steiner – Das Eiserne Kreuz II* angefragt wurde, war mir die angebotene Rolle eigentlich zunächst zu klein, weswegen ich fast schon absagen wollte. Doch dann erfuhr ich, dass Richard Burton mitspielen würde, und mir wurde schlagartig bewusst, dass in einer bestimmten Szene, die ich im Drehbuch gelesen hatte, Burton und ich allein agieren würden. Das wollte ich mir nicht entgehen lassen! Also sagte ich doch zu, was ich nie bereut habe, denn es wurde eine sehr schöne Szene, die mir bis heute gut gefällt. Regie führte Andrew V. McLaglen, mit dem ich mich aufgrund seines Arbeitspensums zwar nicht allzu häufig unterhalten konnte, der mich aber sehr beeindruckte. Und das meine ich nicht nur körperlich; immerhin war er an die zwei Meter groß. Er zettelte nämlich während der Dreharbeiten eine Revolution gegen die Produktion an. Das hatte einen nachvollziehbaren Grund: Die Verpflegung des Filmteams war eine Katastrophe, wirklich unterste Schublade, worüber sich McLaglen jeden Tag aufs Neue beim Produzenten Wolf C. Hartwig beschwerte. Irgendwann setzte er diesem ein Ultimatum: »Wenn das Essen morgen wieder so schlecht ist, dann ist mittags um zwölf Uhr Feierabend. Dann gehen wir alle zum Essen ins Hotel und nehmen die Arbeit auch nicht wieder auf!« Am nächsten Tag war das Essen leider wieder furchtbar. McLaglen machte seine Drohung wirklich wahr und schickte mittags alle ins Hotel. Das Ende vom Lied kann man sich leicht denken: Plötzlich wurden beim Catering die leckersten Sachen aufgetischt, und die Dreharbeiten konnten ohne weitere Verzögerungen zu Ende gebracht werden. Manchmal muss es eben doch ein wenig Druck sein …

Neben Richard Burton gehörte außer Klaus Löwitsch, meinem alten Kollegen aus Schauspielschulzeiten, auch Robert Mitchum zum Team. Wie mit allen internationalen Stars ließ sich mit Burton und Mitchum wunderbar arbeiten; grundsätzlich habe ich die internationalen Größen immer als freundlich und umgänglich erlebt. Das gilt auch für Franco Nero, mit dem ich in Italien unter der Regie von Duccio Tessari den Italowestern *Zwei wilde Companeros* gedreht habe. Ihn traf ich vor wenigen Monaten überraschend bei »Movie meets Media« in Hamburg wieder; allerdings konnte er sich anscheinend nicht mehr so ganz erinnern. Er gab mit einem »Yeah, yeah, I remember« zwar oberflächlich vor, dass er sich erinnern würde, aber mein Eindruck war ein anderer. Wenn er nicht gerade ins Gespräch mit zwei Herren vertieft gewesen wäre, hätten wir uns vielleicht ein bisschen länger unterhalten, aber so kam es nicht dazu.

Hier offenbart sich eine meiner Schwachstellen. Noch nie war ich besonders gut im Networking, also im sozialen Netzwerken. Um meine Karriere zu befeuern, hätte ich die Kontakte zu den vielen wichtigen Menschen und Entscheidungsträgern, die ich im Laufe meines Lebens kennengelernt habe, vermutlich viel mehr pflegen sollen, aber so bin ich eben nicht. Viele Leute, die ich kenne, sehe ich manchmal zwei Jahre nicht, doch wenn ich sie dann wiedertreffe,

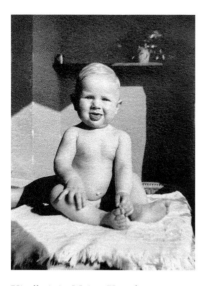

Kindheit in Mainz-Kastel
© Privat

Horst Janson bei seinen ersten
Gehversuchen
© Privat

Schultheater „Der Traum ein Leben"
© Privat

Bei den Pfadfindern
© Privat

Elisabeth, genannt Elsbeth,
Janson als junge Frau
© Privat

Die Eltern Erich und Elsbeth Janson
© Privat

Bruder Axel
© Privat

Hochzeit von Hella und Horst Janson auf Barbados, 1982
© Agentur B.Bischoff / www.bjoern-bischoff.de

Trauung auf der „Captain Patch"
© Agentur B.Bischoff
www.bjoern-bischoff.de

Horst und Hella, 1982
© picture alliance / Horst Ossinger

Sarahs Taufe, 1984
© picture alliance / Ursula Düren

Familie Janson im Jahr 1988
© Hans Rauchensteiner

Familie Janson im Jahr 2005
© Titan Verlag

Die „Shamrock"
© Privat

Beim Ablegen
© Michael Quast

Die „Shamrock" auf
dem Magirus-LKW
© Privat

Auf der „Shamrock"
mit Mike
© Privat

Familie Janson beim America's Cup in Valencia, 2007
© People Picture / Willi Schneider

Horst Janson als 18. Mann auf der „Oracle"
© People Picture / Willi Schneider

Der Turm am Starnberger See
© Privat

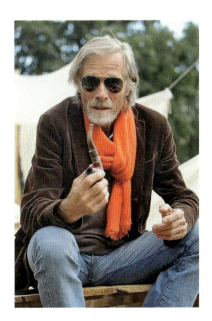

Genuss-Pfeifenraucher
© Wolfgang Krink

Salto Mortale mit Gustav Knuth
© picture-alliance / dpa / Dieter Klar

Der Bastian mit Karin Anselm
© Foto: teutopress

Dubious Patriots mit Tony Curtis, Tony Bonner und Charles Bronson
© imago images / teutopress

Horst Janson in *Dubious Patriots*
© imago images / Everett Collection

Härte 10 mit Arthur Brauss
© Peter Bischoff via Getty Images

Murphy's War mit Peter O´Toole, Philippe Noiret und Siân Phillips
© picture alliance / Das Wiegenlied der Verdammten (Murphy's War, GB/USA 1971, Regie: Peter Yates)

Captain Kronos – Vampirjäger mit Caroline Munro
© picture alliance / Everett Collection / Courtesy Everett Collection

Der Kapitän mit Heinz Rühmann
© imago images / United Archives

Die Zwillinge vom Immenhof mit Heidi Brühl
© picture alliance / united Archives I United Archives / kpa

Porträt 1975
© Arthur Brauss

Sesamstraße mit Ute Willing und Samson
© picture-alliance / dpa / Horst Ossinger

Manfred Krug und Horst Janson in der 1000sten Folge der *Sesamstraße*
© Peter Bischoff via Getty Images

Zwei Schlitzohren in Antalya mit Tayfun Bademsoy und Meral Yüzgülec
© imago images / teutopress

Karl-May-Spiele in Bad Segeberg mit Gojko Mitic, 1998
© picture-alliance / Karl May Festspiele 1998 (Unter Geiern, Bad Segeberg)

Als Old Firehand bei den Karl-May-Spielen, 2001
© Privat

Als Old Shatterhand bei den Karl-May-Spielen, 1998
© Privat

Unter weißen Segeln
© Agentur B.Bischoff / www.bjoern-bischoff.de

In aller Freundschaft mit den Töchtern Laura und Sarah
© Agentur B.Bischoff / www.bjoern-bischoff.de

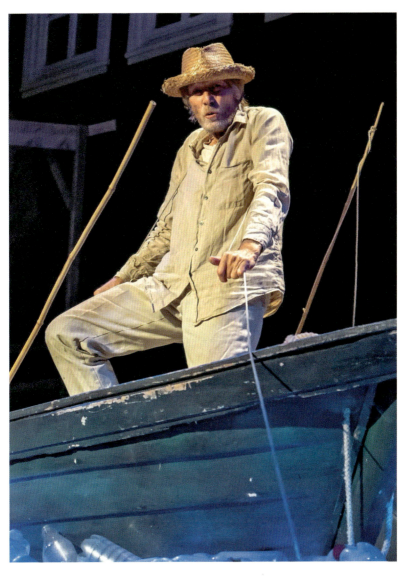

Der alte Mann und das Meer
© Agentur B.Bischoff / www.bjoern-bischoff.de

Porträt 2019
© Christof Arnold Photography

ist es wie in alten Tagen. So funktioniert das für mich. Wo aber sollte ich anfangen mit einer speziellen Kontaktpflege? Irgendwie weiß ich gar nicht, wie das geht. Geschäftstüchtige Kollegen von mir halten wie selbstverständlich alle ihre Kontakte aufrecht, dafür bin ich scheinbar nicht geboren. Es gab sogar internationale Produzenten oder Regisseure, die mich sehr mochten und mir nach den gemeinsamen Arbeiten immer noch schrieben, sogar Geschenke für die Kinder schickten. Doch weil ich mich nicht revanchierte, schliefen all diese Kontakte wieder ein. Meine Trägheit ist vielleicht mein größter Fehler, aber es kamen ja auch immer wieder neue Dinge auf mich zu. Hella wirft mir mein Verhalten noch heute ein kleines bisschen als falsche Bescheidenheit vor und ist der Meinung, dass mir beruflich dadurch sicher einiges entgangen ist, aber ich bin zufrieden und dankbar. Ich bin nie irgendwem in den Hintern gekrochen, habe mich nicht ständig produziert und aufgeplustert. Stattdessen brauchte ich an der einen oder anderen Stelle eher mal einen Tritt in den Allerwertesten, das ist wohl wahr, aber unter dem Strich war alles gut.

Worüber sollte ich mich auch beschweren? Ich durfte beispielsweise mit einem Schauspieler wie Robert Wagner, der gerade mit der Erfolgsserie *Hart aber herzlich* in aller Munde war, einen amerikanischen Spionagethriller in Portugal drehen. In *To Catch a King*, auf Deutsch *Die Windsor-Papiere – Königsjagd*, spielte ich den letzten Chef der Abwehr, des militärischen Geheimdienstes der deutschen Wehrmacht, General Walter Schellenberg, Nachfolger von Wilhelm Canaris, der plante, den Herzog von Windsor für die Sache der Nationalsozialisten zu instrumentalisieren.

Der Herzog hatte sowieso gewisse Sympathien für die Nazis, weshalb sie versuchten, ihn auf ihre Seite zu ziehen und sich von ihm bei der geplanten Invasion Englands helfen zu lassen. Nach erfolgreichem Einmarsch wollten sie ihn als englischen König inthronisieren. Eine amerikanische Sängerin und ihr ebenfalls amerikanischer Verbündeter bekamen Wind von dem Plan und versuchten, das Komplott zu verhindern. Diese beiden Rollen waren mit Robert Wagner und Teri Garr hervorragend besetzt.

Während der Dreharbeiten war mir Teri, die in ihrer Rolle zwischen Robert Wagners und meiner Figur stand, sehr zugeneigt. Sie war patent und sehr lustig, und irgendwie hatte sie einen Narren an mir gefressen. Sie lud mich jedenfalls immer wieder zum Essen ein, wozu ich eigentlich keine große Lust verspürte. Als sie Besuch von einer Freundin bekam, dachte ich mir, zu dritt ist die Gefahr von Gerüchten doch sehr viel geringer, weshalb ich mich auf eine ihrer Einladungen einließ. Dieses Essen war dann insofern interessant, weil sich Teris Freundin als die bekannte Sängerin Cher entpuppte. Allerdings war die damals auf dem Tiefpunkt ihrer Karriere und sah aus wie eine graue Maus. Im Grunde hätte ich sie kaum erkannt, wenn sie mir nicht vorgestellt worden wäre. Zu der Zeit hatte sie ganz offensichtlich nichts zu tun und war heilfroh, ihre Freundin am Set besuchen zu können. Das gemeinsame Abendessen war nett, aber die Art, wie Teri mich umgarnte, gefiel mir gar nicht. Erstens war Hella zu der Zeit schwanger, und zweitens kann ich es per se nicht leiden, von Frauen so eindeutig hofiert zu werden. Und drittens fing ich nichts mit ihr an! Teri fand sich schließlich mit dem Regieassistenten ab. Natürlich war sie ein bisschen sauer auf mich, aber zum Glück hatten wir da schon alle wichtigen Szenen, die wir gemeinsam zu spielen hatten, im Kasten.

Der Produzent von *Die Windsor-Papiere* verantwortete gut zwei Jahre später auch das Drama *The Last Days of Patton*, das wir in den englischen Midlands drehten. Der Film schilderte die letzten Lebensmonate des amerikanischen Generals George S. Patton, den George C. Scott spielte. General Patton war in Deutschland stationiert und hatte zum Ende des Krieges sein Hauptquartier in Bad Tölz, wo ihm Baron von Wangenheim – das war nämlich ich – das Fechten beibrachte. Zumindest im Film war ich also endlich mal nicht mehr der Schüler, sondern der Lehrmeister!

Zu diesen Dreharbeiten in den Midlands begleitete mich Hella, und wir wohnten in einem kleinen Landhotel namens White Horse, das gemütlich und plüschig daherkam, mit ausladenden, weichen Betten, vielen Rüschen und großem Blumendekor. Aber das Frühstück war super!

George C. Scott war ein wenig eigen und ziemlich streng, wenn es um die Arbeit ging. An einem Tag kam Hella mit zu dem Schloss, dessen weitläufiger Park uns als Kulisse diente. Hella stand weit außerhalb des Feldes, auf dem wir drehten, doch Scott rief sofort: »Keine Zuschauer! Keine Zuschauer!«

Einen Abend lud George C. Scott uns zum Abendessen ein. Ich glaube, inzwischen war auch seine Frau Trish in den Midlands angekommen. Jedenfalls kamen wir an einen gedeckten Tisch, an dem die Wassergläser bereits gefüllt an unseren Plätzen standen. Während wir erzählten und Essen bestellten, nahm ich irgendwann mein Glas und trank einen kräftigen Schluck – was zur Hölle? Das war kein Wasser, eher Wodka oder vielleicht Gin. Auf jeden Fall hatte es ordentliche Umdrehungen! Ich blickte zu Hella, die ebenfalls schon bemerkt hatte, dass sich in der Karaffe definitiv kein Wasser befand. Als mein Blick zu Scott wanderte, stellte ich fest, dass er, ohne mit der Wimper zu zucken, sein Glas ansetzte und es in einem Rutsch leer trank. Ich war sprachlos. Er kippte ein Glas nach dem anderen, während es Hella und mir schon längst reichte. Eine Zeit lang dachte ich, er müsste etwas anderes im Glas haben als wir, aber vielleicht war er es auch einfach gewohnt ... Denn eigentlich hätte er sturzbetrunken sein müssen nach diesen Mengen. Doch man merkte ihm nichts an; er erzählte genauso weiter wie zuvor. Es wurde ein sehr lustiger Abend, auch wenn Hella und ich nicht mithalten konnten. Wir hatten trotzdem unseren Spaß.

The Last Days of Patton war der letzte internationale Film, den ich gedreht habe. 1986 starb Jimmy Fraser mit Mitte sechzig in London, und danach kamen keine weiteren Angebote mehr aus England für mich. Anfangs hatte ich gar nichts von seinem Tod mitbekommen, ich hörte nur einfach nichts mehr von ihm. Nachdem mir das irgendwann merkwürdig erschien, rief ich in der Agentur an und erfuhr von einer Dame namens Maureen: »Mr Fraser died. A couple of months ago.« Ein paar Monate war das schon her, und ich hatte nichts davon erfahren. Wäre ich nun geschäftstüchtig gewesen, hätte ich mich gleich um eine neue Agentur gekümmert oder hätte zumindest Maureen gefragt, ob ich dennoch in der Agentur verbleiben könnte. Nichts dergleichen kam mir in den Sinn.

Als wir sehr viel später zur Matinee von *Captain Kronos* nach London eingeladen wurden, meldete ich mich noch einmal bei Maureen – da war aber der Zug längst abgefahren, das war gut fünfzehn Jahre später! Mir klingen natürlich Hellas Worte in den Ohren: »Das ist typisch für dich, mein kleiner Schluri ...« Zugegeben, ich habe sehr lange gewartet. Andere Menschen würden an dieser Stelle vielleicht verpassten Chancen hinterherweinen, das aber tue ich nicht. Ich bin dankbar für all das, was ich erleben durfte, und für den Spaß, den ich dabei hatte. Meinen Beruf habe ich immer gern ausgeübt, bin jeden Tag mit Vergnügen zu den Dreharbeiten oder auf die Bühne gegangen, und bis heute darf ich dieser wunderbaren Arbeit nachgehen. Es sind nicht nur viele glückliche Momente, sondern auch einige glückliche Zufälle, die meine Karriere ausmachen. Denn zweifelsfrei war an mancher Stelle die Fortuna mein Wegbereiter. Manchmal braucht es eben einfach Glück, aber dann musst du dich dessen durch deinen Fleiß und deine Begabung würdig erweisen. Du darfst diese Hoffnung, die man in dich gesetzt hat, dass du der perfekte Mann bist für eine Rolle, dieses Vertrauen darfst du nicht enttäuschen. Nur so kommst du auch weiter, ansonsten machst du einen Film und danach keinen weiteren mehr. Du musst also manches Mal zum richtigen Zeitpunkt am richtigen Fleck sein und die richtigen Leute kennenlernen, das lässt sich aber nicht planen oder organisieren. Du kannst dein ganzes Leben durch die Gegend rennen, eine Party nach der nächsten besuchen, jeden roten Teppich mitnehmen, und dennoch lernst du nie die richtigen Leute kennen. Deshalb legte ich auch nie großen Wert darauf, auf irgendwelche Veranstaltungen zu gehen. Mein Weg war vielmehr, den Augenblick zu genießen, Ruhe zu bewahren und auf mein Glück zu hoffen – und das war mir dankenswerterweise hold.

Eine Frau namens Hella

1975

Es gab eine Party im Dezember 1975, die mein Leben auf ganz besondere Art und Weise beeinflusste und für die mehr als für jede andere Veranstaltung in meinem Leben galt: zur rechten Zeit am rechten Ort! Die *Bild*-Zeitung lud zur alljährlichen Weihnachtsfeier in ihre Münchner Redaktionsräume. Jedes Jahr gab es dort bei »Speis und Trank« ein nettes Stelldichein von vermeintlich bedeutenden Persönlichkeiten wie Politikern, Künstlern und Journalisten, querbeet durch alle möglichen Branchen. Hierfür hatten mein Freund Arthur Brauss und ich eine Einladung erhalten, also marschierten wir gemeinsam dorthin. Kaum angekommen kam eine hübsche blonde Dame auf uns zu und bot uns etwas zu trinken an. Ich wiegelte ab, dass das zwar sehr nett sei, aber nicht notwendig, denn wir könnten uns natürlich selbst ein Bier holen. Doch die junge Frau antwortete: »Ich gehöre zum Haus und bin hier mit meinen Kollegen für die Gästebetreuung abgestellt. Also bringe ich Ihnen gern ein Bier!« Arthur, der schon immer ein Charmeur war und dazu noch auf blonde Frauen stand, stupste mich in die Rippen und raunte mir zu: »Die ist aber nett, oder?« Als sie uns das Kaltgetränk brachte, wechselten wir noch ein paar Worte, belangloses Zeug, an das ich mich im Detail gar nicht mehr erinnere. Eigentlich war ich zu dieser Veranstaltung gegangen, um meine damalige Noch-Ehefrau und baldige Ex-Frau Monika zu treffen. Mir war zu Ohren gekommen, dass auch sie, von der ich zu der Zeit schon einige Monate getrennt war, dort sein würde. Sie wird es mir nicht übel nehmen, wenn ich verrate, dass ich die Scheidung eingereicht hatte. Unsere Beziehung währte länger als ein Jahrzehnt, zwei Jahre davon waren wir verheiratet, aber irgendwie war das Feuer erloschen. Nun hatte ich erfahren, dass wir eine »geheime Scheidung« bewilligt bekamen; damals gab es eine Art von Geheimterminen, sodass nicht zu befürchten war, dass die Presse Wind davon bekam. An diesem Abend wollte ich Monika sagen, dass unser Scheidungstermin eine Woche später stattfinden würde, deshalb war ich überhaupt dorthin gegangen. Die Weihnachtsfeier fand am 11. Dezember statt, und am 18. war der Scheidungstermin angesetzt. Jetzt erklärt sich sicherlich auch, weshalb ich in Bezug auf die nette blonde Dame dachte, sie sei zwar wirklich sehr hübsch, aber zum jetzigen Zeitpunkt bräuchte ich wirklich keine neue. Wobei auf der anderen Seite …

Der Abend ging so dahin, und natürlich lief ich der jungen, hübschen Blondine im Laufe der Feier immer wieder über den Weg. Wir wechselten das eine oder andere Wort, und ich erfuhr, dass sie Helgard hieß und Volontärin bei der *Bild*-Zeitung war. Weil übrigens die meisten Menschen aus Helgard immer wieder Helga machten, zog Hella irgendwann diese leichte Abwandlung ihres Namens vor. Als sich die Party dem Ende zuneigte, saßen wir mit nur noch wenigen Leuten beim Chefredakteur im Büro, sowohl Monika als auch Hella waren noch da. In meiner Erinnerung sitzt Monika auf der einen Sessellehne und Hella auf der anderen, aber Hella legt Wert darauf, dass das nur extrem kurz der Fall gewesen sein kann, denn im Grunde wollte sie es gar nicht auf eine nähere Bekanntschaft anlegen. Zu dem Zeitpunkt wusste noch niemand von der Trennung beziehungsweise bevorstehenden Scheidung, sodass Monika und ich noch immer als das Traumpaar der Schauspielszene galten. Auf dieses Minenfeld wollte sich Hella nicht begeben, auch wenn ihrerseits wohl schon ein klein wenig Interesse bestand. Monika war die Erste, die sich verabschiedete, und als auch Hella entschied, nach Hause zu gehen, fragte ich sie kurzerhand, ob ich sie bringen dürfe. Zwar hatte ich mindestens schon zwei Bier getrunken, aber die Straßenverkehrsordnung war damals noch nicht so streng, als dass ich mein Auto hätte stehen lassen müssen. Hellas Antwort lautete, dass ich sie fahren dürfe – aber ich käme tatsächlich nur bis zur Haustür. So zogen wir gemeinsam von dannen. Vor den Redaktionsräumen hatte ich meinen Porsche geparkt, den man sich damals noch leisten konnte und den ich bis heute für ein wahnsinnig schönes Auto halte. Mit diesem fuhr ich Hella also nach Hause. Auf der Fahrt fragte sie mich, wieso ich sie heimbringen würde, obwohl ich doch mit meiner Frau auf der Feier gewesen wäre. Da ich ja wusste, wie es um die Beziehung zu Monika bestellt war, antwortete ich nur, dass ich schon wüsste, was ich täte. Damit gab sich Hella zufrieden. Es ist peinlich und kitschig und ein riesiges Klischee, dennoch stellte ich vor ihrer Haustür die blöde Frage, ob ich noch auf einen Kaffee mit ihr nach oben kommen dürfe. Wieder war ihre Antwort Ja, aber nur auf einen Kaffee. Allerdings hatte ich nicht damit gerechnet, dass es wirklich bei einem Kaffee bleiben würde; ich hatte mir schon etwas mehr ausgerechnet, das gebe ich zu. Da hatte ich aber mit Zitronen gehandelt! Nach einer Tasse Kaffee und einer weiteren netten Unterhaltung komplimentierte mich Hella mit den Worten, es sei schon spät und sie müsse am nächsten Morgen wieder früh raus, aus ihrer Wohnung. Was sollte man da machen? Für alle Fälle ließ ich ihr meine Telefonnummer da und trottete ab nach Hause. Inzwischen war es zwischen vier und fünf Uhr morgens. Auf meinem Heimweg machte mein Auto plötzlich scheppernde Geräusche. Ich ahnte nichts Gutes, hielt an – und tatsächlich: Plattfuß rechtes Hinterrad! Morgens um halb fünf stand ich da nun in stockfinsterer Nacht und wechselte das Rad – na schönen Dank auch. Das hatte ich mir doch ein wenig anders vorgestellt. Die Frau musst du schnellstens wieder loswerden, dachte ich so bei mir. Natürlich hatte ich sie noch längst nicht eingefangen, trotzdem erschien mir die Reifenpanne in diesem Moment als eindeutiger Wink des Schicksals.

Aus Hellas Erzählungen weiß ich, dass ihr Chef vom Dienst nach dieser Weihnachtsfeier auf sie zukam und meinte: »Ich habe läuten hören, dass der Janson und die Lundi sich trennen wollen. Du hast doch die ganze Zeit auf der Feier mit dem herumgestanden. Kannst du nicht mal gucken, was du aus dem herausbekommst?« Natürlich weigerte sich Hella, in diese Richtung zu recherchieren, mich auch nur anzurufen. Eine Woche später kam dann aber sowieso alles ans

Tageslicht. Mit der Scheidung wurde das Ende unserer Ehe öffentlich und der Weg frei für eine neue Beziehung mit Hella. Als wir uns in diesem Winter 1975 näher kennenlernten, war ich vierzig und sie siebenundzwanzig Jahre alt, dreizehn Jahre trennen uns. In meinen Augen ist dieser Altersunterschied nicht zu groß und nicht zu klein, sondern genau richtig. Hella wirkte immer schon reifer für ihr Alter und ich jünger, also haben wir uns wohl irgendwo in der Mitte dieser dreizehn Jahre getroffen. Das hat sehr gut gepasst. Bis heute wird Hella nicht müde zu betonen, dass sie mich gar nicht früher hätte kennenlernen wollen. Vielleicht liegt es daran, dass sie gleich als Erstes den Draufgänger in mir wahrgenommen hat. Auf alle Fälle ist es von großem Vorteil, dass Hella überhaupt keinen Hang zur Eifersucht hat. Ihr Motto in Liebesdingen lautete schon immer: »Was ich nicht weiß, macht mich nicht heiß!« Nicht, dass ich das ausgenutzt hätte, aber es gibt schon unglaubliche Geschichten, was sich einige Frauen einfallen ließen, um an mich ranzukommen. Es gab zum Beispiel eine Frau, die herausgefunden hatte, in welchem Hotel ich in einer bestimmten Stadt absteigen würde, um sich dann ebenfalls in dieses Hotel einzubuchen. Gemeinsam mit Loni von Friedl war ich mit dem Stück *Die Orgie* auf Tournee und kam abends nach der Vorstellung abgespannt ins Hotel zum Einchecken, als mir die 95-jährige Besitzerin ankündigte, dass ich Besuch hätte. Besuch? Ich war verwirrt. »Da hat eine Dame nach dem Zimmer neben Ihrem gefragt.« Es stellte sich he-raus, dass ich die Frau bereits kannte, weil sie sich schon öfters bei mir gemeldet hatte. Sicherheitshalber ließ ich mir ein Zimmer in einem anderen

Stockwerk geben und ging ins Bett. Am nächsten Morgen klopfte es an meiner Zimmertür. Mein erster Gedanke war natürlich, dass es das Zimmermädchen sein müsste, aber es klopfte immer wieder. Nichts ahnend öffnete ich nach dem fünften Klopfen die Tür, um empört darum zu bitten, in Ruhe gelassen zu werden. Aber da stand diese Frau mit einer Flasche Champagner in der Hand vor der Tür. Müde, wie ich war, dachte ich noch: »Was um Himmels willen stellt die sich denn vor?« Gesagt habe ich dann allerdings nur, dass sie kurz warten solle, ich würde mir etwas anziehen. Danach ging ich mit ihr runter zum Frühstück, wo bereits meine Kollegen im Restaurant saßen. Loni von Friedl war total schockiert, als sie mich mit dieser fremden Frau von oben kommen sah. Die hatte natürlich eine eindeutige Vorstellung von dem, was in der Nacht passiert sein musste. Ihr missbilligender Blick schien zu sagen, dass sie direkt nach dem Frühstück Hella anrufen und über meine Missetat informieren würde, was sie allerdings nicht tat. Dennoch war sie stinksauer und wollte am liebsten keinen Ton mehr mit mir reden. Glücklicherweise ließ sich alles aufklären.

Ein anderes Mal waren Jimmy Fraser, Hella und ich auf dem Münchner Oktoberfest und feierten im Bierzelt. Da saßen plötzlich fremde Frauen links und rechts neben mir und auf meinem Schoß … Denen war schnurzegal, ob meine Freundin danebensaß. Gut, ich hätte natürlich auch etwas sagen, eine Grenze ziehen können, aber das war noch nie meine Stärke. Ich kann wirklich schlecht Nein sagen. Das Ende vom Lied war, dass sich Hella die Zeit mit Jimmy vertrieb und danach meinte: »Einmal Oktoberfest und nie wieder!« Sie hatte nichts dagegen, dass ich erneut auf die Wiesn ging, aber sie selbst verzichtete dankend. Auch das zeigt wieder einmal, wie viel Vertrauen sie mir entgegenbrachte und wie wenig Eifersucht sie verspürte. Was zählte, war unser gutes Verhältnis zueinander und unser gemeinsames Zuhause. Sowieso war ich nie ein großer Ausgänger, hatte nie eine Männertruppe, mit der ich regelmäßig irgendwelchen Aktivitäten nachging oder mich betrank. Am liebsten war ich daheim, insofern stimmte für mich und Hella immer alles. Sie musste wirklich keine Nebenbuhlerinnen fürchten.

Wenn ich jemanden mag, dann mag ich ihn; dann hat das auch Bestand. Es sei denn, es kommt etwas Gravierendes dazwischen. Jemand anderes würde mich vielleicht als »treue Seele« bezeichnen. Das war ich zum Beispiel auch Monika gegenüber, bot ihr bei der Scheidung an: »Du kannst haben, was immer du willst.« Wie einvernehmlich unsere Trennung ablief, zeigt sich auch daran, dass wir nach unserem Scheidungstermin mit unseren beiden Rechtsanwälten zu viert essen gingen. Selbst unseren Hausschlüssel verlangte ich von ihr nicht zurück, was Hella verständlicherweise nicht besonders gefiel. Mit Monika war ich von unserer Dachterrasse in Bogenhausen in eine Doppelhaushälfte in Grünwald gezogen, besser gesagt hatte Monika den Umzug bewerkstelligt, während ich für Dreharbeiten in Südamerika weilte. In dieses Haus zog nach meiner Scheidung nun Hella mit ein, und es kam tatsächlich vor, dass sie morgens im Bademantel am Frühstückstisch saß, während ich unterwegs war – und plötzlich stand Monika in der Tür. Die brachte dann Sprüche wie: »Ach, den Bademantel kenne ich doch. Den habe ich dem Horst geschenkt!« Mal brachte Monika einen Kuchen vorbei, mal eine Suppe, selbst wenn sie wusste, dass ich gar nicht da war. Hella empfand es so, als würde Monika noch immer dort wohnen. Im Haus hingen noch Fotos von ihr. Sogar aus dem Schlafzimmer hatte ich noch keines der Bilder, die uns teilweise Arm in Arm oder sogar küssend zeigten, verbannt. »Wäre es dir lieber, ich hänge die Bilder ab, denke aber an sie?«, fragte ich Hella. Das war scheinbar meine Art, die Trennung zu verarbeiten – immerhin waren Monika und ich ungefähr vierzehn Jahre zusammen. Dennoch musste Hella ganz schön was aushalten; leicht war diese Anfangszeit bestimmt nicht für sie. Sie fing dann doch irgendwann an, die Fotos umzuhängen; die aus dem Schlafzimmer tauchten dann plötzlich in meinem Büro auf. Aussortiert oder weggeschmissen hat sie aber nichts. Erst als wir drei oder vier Jahre später nach Tutzing an den Starnberger See zogen, hatte sich das Thema erledigt. Mit Monikas zweitem Mann, dem Schauspieler Hans Stetter, einem intelligenten und lustigen Mann, passte es ebenfalls. Auch wenn wir uns nur ein- bis zweimal im Jahr sahen und an unseren Geburtstagen telefonierten. Hans verstarb leider im vergangenen Jahr. Seither hörten wir nichts mehr von Monika, aber das wird sich hoffentlich bald wieder ändern.

Im Jahr 1980 stieg ich bei der *Sesamstraße* ein, die einen nicht ganz unwesentlichen Anteil daran hatte, dass Hella und ich zwei Jahre später heirateten und eine Familie gründeten. Als man mich fragte, ob ich mir vorstellen könnte, in die *Sesamstraße* einzuziehen, guckte ich mir als Erstes ein paar Folgen an und war sofort sehr angetan. Das liebevoll gestaltete Bildungsfernsehen für Kinder war in meinen Augen eine extrem gelungene Sache. Ursprünglich kam die *Sesame Street* aus Amerika und wurde in Deutschland zunächst als synchronisierte Fassung des amerikanischen Originals gezeigt. Das lief über Jahre sehr erfolgreich, aber dann erarbeitete man eine deutsche Adaption. Der Grund hierfür war folgender: Die Kinder in Deutschland fragten immer wieder nach, wo denn die Sesamstraße wohl sein würde, weil es diese typisch amerikanischen Straßenzüge mit kleinen Treppenaufgängen zu den Eingangstüren und Mülltonnen an der Straße hierzulande nirgendwo gab. Also entschloss man sich, die Rahmenhandlungen zu den eingebetteten Filmchen hier in Deutschland neu zu drehen. Zukünftig wollte man zwei Paare haben, die in der *Sesamstraße* diesen äußeren Rahmen gestalteten. Beide Elternpaare sollten sich insofern unterscheiden, dass auf der einen Seite ein besonders autoritäres Elternpaar stand und auf der anderen ein freundschaftliches Kumpelpaar. Für mich war der Kumpel vorgesehen. Meine erste Partnerin war Ilse Biberti, die das allerdings nur eine Saison machte, danach kam Ute Willing, eine quirlige, nette Schauspielerin. Das andere Paar setzte sich zusammen aus Liselotte Pulver und zunächst Uwe Friedrichsen, auf den nach ebenfalls einem Jahr Manfred Krug folgte. Mit ihm zusammen spielte ich für die 1000. Sendung einen clownesken Sketch in einem riesigen Zirkuszelt in Bremen, in dem diese Jubiläumsfolge entstand. Wir beide wollten eine Tür von der jeweils anderen Seite öffnen, was aber nicht funktionierte, weil in dem Moment der andere stets die Tür zuhielt. Eine kleine Nummer, die die anwesenden Kinder sehr lustig fanden.

Die Geschichten der *Sesamstraße* waren immer fünf bis zehn Minuten lang und sollten den Kindern ohne erhobenen Zeigefinger etwas beibringen. Nie wurde in den Sendungen gesagt, was Kinder zu tun oder zu lassen hätten; nie wurde mit Verboten oder Bestrafung gearbeitet. Den Kindern wurde alles stets spielerisch vermittelt. Wir Schauspieler mussten uns auch sehr mit unserer Sprache vorsehen. Beispielsweise waren wir angehalten, keine Dinge wie »schön böse« zu sagen, weil sich »schön« und »böse« eben gegenseitig ausschließen. Wenn so etwas vorkam, mussten wir die Szene tatsächlich wiederholen. Generell hatten wir viel Spaß beim Drehen, besonders mit den Puppenspielern. Peter Röder, der in dem Samson steckte, war der Liebling der Kinder, allerdings nicht zu beneiden, weil es in dem Kostüm unheimlich heiß wurde. Länger als maximal zehn Minuten ließ es sich nicht aushalten in den Puppen, sonst drohte ein Hitzschlag.

Meine heutige Popularität verdanke ich nicht nur dem *Bastian*, sondern auch ebendieser *Sesamstraße*. Diejenigen, die Anfang der 1980er-Jahre noch Kinder waren, sind heute erwachsen und erinnern sich an den »Horst«, wie ich damals in der Serie einfach genannt wurde. So gibt es heute noch Menschen, die mir Briefe schreiben und sich bedanken, dass ich sie durch ihre Kindheit hindurch begleitet habe. Schon früher wurde ich häufig auf der Straße angesprochen und begrüßt wie ein Familienmitglied oder ein alter Kumpel, ganz selbstverständlich. Manche Kinder blieben nicht einmal stehen, sondern gingen vorbei und riefen mir nur ein »Hallo, Horst« zu, weil ich bei denen ständig im Wohnzimmer präsent war und sie mich als Teil ihres familiären Umfelds wahrnahmen. Die *Sesamstraße* war tatsächlich ein Dauerbrenner, lief morgens und abends im Fernsehen und das in allen dritten Programmen der ARD, mit Ausnahme des Bayerischen Rundfunks. Einmal besuchten Hella und ich unsere Tochter Laura in ihrer Schwabinger Wohnung, wo sie unweit der Uni wohnte. Es war gerade Oktoberfestzeit, und uns kam im Haus eine Horde Studenten in Lederhosen entgegen. Sobald sie mich erkannten, ging ein Aufschrei durch die Truppe: »Ach nein, das ist ja der Horst! Der Held meiner Kindheit!« Sie wollten unbedingt noch ein Foto mit mir machen und zogen dann fröhlich von dannen. So begleitet mich »der Horst« schon seit vier Jahrzehnten.

Erstmals durch die *Sesamstraße* bekam ich intensiveren Kontakt zu Kindern, was mich durchaus bei der eigenen Familienplanung inspirierte. Regelmäßig bekamen wir Besuch, wenn wir die *Sesamstraße* produzierten; da waren manchmal fünfundzwanzig oder dreißig kleine Zuschauer bei uns im Studio. Sie durften an der Seite sitzen und das Geschehen verfolgen, was sie mit großen, leuchtenden Augen und viel Vergnügen taten. Während der Aufnahmen musste es mucksmäuschenstill sein, weil jeder Laut und jedes Geräusch dazu geführt hätten, dass wir die Szene hätten wiederholen müssen. Und dann saßen diese Kinder wirklich ganz still und beobachteten gebannt, was passierte. Ich bin mir sicher, dass es an keiner Schule und in keinem Klassenzimmer jemals so ruhig war wie bei unseren Drehs. Es war beeindruckend, wie brav sie alle waren, und das wiederum berührte mich sehr. Natürlich wusste ich aus meiner eigenen Kindheit, dass das nicht immer so sein würde. Dennoch dachte ich erstmals über eigenen Nachwuchs nach. Noch nie hatte ich mich damit beschäftigt, wie es wohl wäre, wenn ich mal eigene Kinder hätte. Das war bis dahin irgendwie kein Thema für mich gewesen – auch wenn ich Kinder schon immer gemocht hatte. Und nun unterhielt ich mich mit ihnen, wie ihnen bestimmte Dinge gefielen, was sie beschäftigte und wie sie die Welt wahrnahmen. Meinen persönlichen Wunsch nach eigenen Kindern hat das mit Sicherheit beeinflusst, während Hella sich im Grunde schon länger Kinder gewünscht hatte. Als die Entscheidung getroffen war, dass wir eine Familie gründen wollten, stellte sich sofort die Frage, ob wir dann auch heiraten würden. Ähnlich wie mit der Frage nach den Kindern waren wir uns etwas uneinig. Hella wollte sehr gern heiraten, mir war es dagegen nicht so wichtig. Aber im Hinblick auf eigene Kinder fand auch ich die Vorstellung schöner, dass wir alle denselben Namen tragen würden, was damals noch üblich war. Außerdem wollten wir den immer wiederkehrenden Fragen nach einer Hochzeit aus dem Weg gehen, indem wir einfach Fakten schufen. Und so heirateten wir am 10. Juni 1982 auf Barbados. Hella und ich wollten den Formalitäten und gesellschaftlichen Zwängen im eigenen Land entgehen, wollten ohne Aufgebot, große Hochzeitsfeier und viel Trara gern irgendwo in der weiten Welt heiraten, an einem Ort, der nicht nur unser Fernweh stillte, sondern an dem auch die erforderlichen Voraussetzungen für eine Trauung möglichst gering waren. Hella, die zwei Jahre zuvor eine Journalistenreise nach Barbados gemacht hatte und begeistert von der Karibikinsel war, kam auf die Idee, hier nach entsprechenden Möglichkeiten zu recherchieren. In manche Länder muss man Wochen zuvor einreisen und einen längeren Aufenthalt planen, bevor man dort heiraten darf. Nicht so auf Barbados. Hier benötigten wir nur die übersetzte Scheidungsurkunde von mir und Monika, die Geburtsurkunden von Hella und mir sowie unsere Reisepässe. Damit konnten wir innerhalb von drei Tagen heiraten. Die Karibik gehörte für uns schon immer zu den schönsten Winkeln dieser Erde, weshalb wir uns dort das Jawort geben wollten. Das Beste war, dass wir nicht auf das Standesamt festgelegt waren. In Absprache mit dem Friedensrichter, der dort die Trauung vollzog, konnte man in der Kirche, im Hotel oder auch am Strand heiraten, wo man eben gern wollte. Als ich das hörte, fragte ich sofort: »Kann man auch auf einem Schiff getraut werden?« Die Antwort ließ mein Seglerherz höherschlagen: »Wenn Sie eines haben, warum denn nicht!« Wir charterten also für unsere Hochzeit ein Schiff, besser gesagt ließen wir eines chartern. Denn Hella hatte auf ihrer Journalistenreise den Tourismusmanager für Europa Carlos Beckles kennengelernt, der die damalige Reisegruppe betreut und zu dem sie Kontakt gehalten hatte. Carlos organisierte für uns also vor Ort einen alten Frachtsegler mit rostroten Segeln, der normalerweise Urlauber über das Karibische Meer schipperte. Darüber hinaus war er Hellas Trauzeuge, und ich hatte eine Freundin aus Deutschland als Trauzeugin mitgenommen. Außerdem begleitete uns der Fotograf Peter Bischoff, der unsere Hochzeit in schönen Bildern festhalten sollte.

Am Tag unserer Trauung trug Hella ein weißes, schulterfreies Kleid und einen Blumenkranz aus Orchideenblüten im Haar; ich hatte mich für einen hellen Anzug mit dunkler Krawatte entschieden. Als wir aus dem Hotel traten, stand dort eine Kutsche mit einem Schimmel für uns bereit, die Peter als Hochzeitsgeschenk organisiert hatte. Damit wurden wir stilvoll zum Hafen gefahren, wo bereits die gecharterte »Captain Patch« samt Skipper und Steelband auf uns wartete. Aber nicht nur das! Am Anleger stand eine Gruppe von Reisebüroleuten, die Carlos gerade betreute und die er kurzerhand eingespannt hatte. Als Überraschung für uns bat er die lustige Truppe, als Hochzeitsgäste an diesem besonderen Anlass teilzunehmen. Jeder von ihnen bastelte sich eine Art römische Toga aus den Hotelbettlaken, und gemeinsam empfingen sie uns mit großem Hallo vor dem Schiff und kamen quasi als Brautjungfern mit an Bord. Es wurde ein unvergesslicher Nachmittag, den Hella und ich unglaublich genossen. Abends aßen und feierten wir im Restaurant Bagatelle, in dem Carlos für uns einen Tisch reserviert hatte. All die netten Leute, die wir vor Ort kennengelernt hatten, luden wir zu unserer »Hochzeitsfeier« ein. In unterhaltsamer Runde saßen wir mit einem Kameramann, der gerade über den Falklandkrieg berichtet hatte, mit seiner Frau und weiteren uns sympathischen, aber unbekannten Menschen zusammen. Bei einem leckeren Essen und interessanten Gesprächen ließen wir diesen einmaligen Tag entspannt ausklingen.

Unsere Hochzeit war 1982 der positive Akzent, der nötig war, um das Jahr nicht negativ in Erinnerung zu behalten.

Denn im Frühjahr hatten Hella und ich einen Schicksalsschlag zu verkraften. Nur wenige Monate vor unserer Hochzeit, nämlich im März, erlitt Hella eine Fehlgeburt. Das war ein schwerer Schlag für uns und einfach nur furchtbar. Dennoch stand für uns – ganz nach dem Motto »Jetzt erst recht!« – schnell fest, dass wir trotzdem heiraten wollten. Glücklicherweise mussten wir nicht lang auf eine erneute Schwangerschaft warten; bereits ein Jahr später war es so weit. Allerdings begann für Hella wiederum eine schwere Zeit. Mit ihren 35 Jahren gehörte sie damals schon zur Risikogruppe; heute kann man darüber nur milde lächeln, weil selbst Frauen, die älter als 40 sind, noch Kinder bekommen. Und wegen der Fehlgeburt während der vorherigen Schwangerschaft musste sie fast sechs Monate stramm liegen, konnte somit auch ihrer Arbeit als Redakteurin nicht mehr nachgehen. Mit der Geburt unserer Sarah waren 1984 diese harten Monate zum Glück schnell vergessen, und für uns begann eine neue Zeitrechnung.

Auch die Geburt an sich war dramatisch, denn bei Hella setzten plötzlich die Wehen aus. Es wurde innerhalb kürzester Zeit ein Notkaiserschnitt vorbereitet, weil sich herausstellte, dass sich die Nabelschnur um den Hals des Babys gelegt hatte. Damals durfte man als Vater bei einem Kaiserschnitt nicht mit in den OP, weshalb ich vor der Tür warten musste. Ich sah selbst aus wie der operierende Professor, hatte einen Krankenhauskittel und eine Haube übergezogen, um zumindest mit in den OP-Bereich zu dürfen. Offensichtlich gaben die Ärzte Hella ein bisschen zu viel von dem Narkosemittel. Denn sie war sage und schreibe von Viertel vor neun Uhr morgens bis nachts um zwölf ausgeknockt! Hella nimmt niemals Medikamente, nicht einmal einfache Schmerztabletten gegen Kopfweh oder Ähnliches. Mit großer Wahrscheinlichkeit ist das der Grund, warum sie weniger Narkosemittel braucht als andere. So wurde uns das von zwei Narkoseärzten erläutert. Zwei Jahre später, bei Lauras Geburt, wiesen wir die Ärzte explizit auf diese Tatsache hin, was dazu führte, dass es dieses Mal mit der Narkose besser klappte. Bei einer zweiten Geburt ist die Gefahr immer groß, dass die Narbe des ersten Kaiserschnitts wieder aufplatzt, weshalb uns der Professor von Anfang an auch bei Laura die operative Variante empfahl. Das Privileg, unsere beiden Töchter als Erster auf den Arm zu nehmen, hatte also ich, weshalb es niemanden überraschen wird, dass sowohl Sarah als auch Laura Papakinder geworden sind – Sarah vielleicht ein bisschen mehr noch als Laura. Heute weiß man ja sehr viel über das Thema Bonding, also das unsichtbare Band zwischen Eltern und Kindern, und die Zusammenhänge zwischen dem ersten Körperkontakt und einer engen Bindung. Bei Sarahs Geburt kam die Krankenschwester irgendwann aus dem OP, bat mich hinein und legte mir die Kleine in den Arm. Als Nächstes wurde Sarah dann untersucht. Um zu überprüfen, ob alles in Ordnung war, wurde ihr in den Hals geguckt, wurde vorn geguckt, hinten geguckt und sie dabei wie ein Püppchen an beiden Beinchen hochgehoben und hinten mal ein bisschen auf den Popo geklopft ... Mein Gedanke war: »Was machen die denn da mit meinem Kind? Die machen noch was kaputt!« Ging aber alles glatt, die hatten wohl doch Ahnung von dem, was sie da trieben.

Der beste Tipp für eine langjährige, glückliche Beziehung ist meiner Meinung nach, dass keiner der beiden Partner versuchen sollte, den anderen in seinem Sinn zu verändern. Als Hella und ich uns kennenlernten, hatte natürlich jeder von uns so seine Vorstellungen. Dennoch versuchte Hella nicht, mich umzuerziehen, und ich wiederum ließ sie so, wie sie war. Es gibt viele Männer wie auch Frauen, die versuchen, ihren Partner nach ihrem Gusto umzukrempeln, und das ist meines Erachtens ein Kapitalfehler. So etwas geht meist schief. Außerdem bezweifle ich, dass das überhaupt funktioniert. Solange die Liebe ganz frisch ist, kann man sich vielleicht noch eine Weile bemühen und sich anders geben, aber irgendwann kommt der eigene, ursprüngliche Charakter wieder bei den Menschen durch, den sie über Jahre ausgebildet haben. Das lässt sich gar nicht vermeiden. Wir kennen Beispiele aus unserem Bekanntenkreis, bei denen Beziehungen auseinandergegangen sind, weil entweder die Frau oder der Mann versucht haben, den anderen zu dominieren. Das ist bei uns nicht der Fall. So schwer es mir auch manchmal fällt, die vielen Fehler von Hella in Kauf zu nehmen … Nein, Spaß beiseite, wir kommen mit unseren Fehlern gegenseitig sehr gut zurecht, streiten uns auch wirklich selten. In den Zeiten, in denen ich sehr viel segeln ging, ständig weg war von zu Hause und Hella mit den noch kleinen Kindern häufig allein ließ, kochte sie mir trotzdem jeden Tag etwas zu essen. Sie hätte jede Berechtigung gehabt, mir die Küche selbst zu überlassen, was ihr sicherlich von einigen Freundinnen auch ans Herz gelegt wurde. Aber das tat sie nicht. Ebenso wenn ich von der Arbeit kam und sie schon den ganzen Tag Windeln gewechselt und Brei gekocht hatte, verlangte sie nicht von mir, dass ich noch irgendwelche häuslichen Tätigkeiten erledigen sollte. Für Hella war es selbstverständlich, dass sie unser kleines Familienunternehmen managte. Das war nie ein Grund, uns zu streiten. Dagegen stellte ich fest, dass Hella nie gern einkaufen ging – weder Klamotten noch Lebensmittel. Früher konnte ich ihr das meist nicht abnehmen, weil ich beruflich zu viel unterwegs war, aber heute bin ich der Chefeinkäufer der Familie. Mir gefällt das sehr! Ich gucke, was es alles gibt, kenne mich entsprechend gut aus und treffe dabei auch noch viele Leute, die mich inzwischen sogar grüßen, wenn wir uns begegnen. Im Grunde genommen gehe ich jeden Tag einkaufen, immer nur die Portionen, die wir für das tägliche Leben so brauchen. Hella und ich harmonieren einfach wunderbar. Sogar in der Küche, wenn ich Lust habe zu kochen und dabei sehr viel Chaos hinterlasse ...

Wir sind ein extrem gutes Team und jeden Tag darüber froh, dass wir uns haben, gesund sind und unsere Witzchen auf Kosten des anderen machen können.

Vaterfreuden

1984

Vor der *Sesamstraße* wäre ich vermutlich ein anderer Vater gewesen. Aus diesem Grund war es bestimmt gut und richtig, dass ich relativ spät eine Familie gegründet habe und erst mit 48 Jahren Papa wurde. Was sich im ersten Moment vielleicht alt anhören mag, fühlte sich glücklicherweise zu keiner Zeit so an – weder für mich noch für meine Kinder. Das Vatersein war im Grunde noch schöner, als ich es mir vorher ausgemalt hatte. Diese emotionale Bindung an einen kleinen Menschen lässt sich ja gar nicht erahnen, wenn man es nicht selbst erlebt hat. Dort ist plötzlich ein lebendiges Wesen, das dich bedingungslos liebt und komplett von dir abhängig ist, das man in den Arm nehmen und lieb haben kann. Das war für mich ein überwältigendes und tolles Gefühl.

Wie in vielen anderen Familien, in denen der Papa arbeiten geht und die Mama zu Hause den Laden schmeißt, hatte Hella leider die schlechteren Karten im Erziehungspoker. Sie war immer da, tat alles für die Kinder und gab zum Teil strenge Regeln vor, damit aus unseren Mädchen die zwei wunderbaren jungen Frauen werden konnten, die sie heute sind. Wenn ich dann nach Hause kam, drehte sich alles nur noch um den Papa. Natürlich lieben Sarah und Laura ihre Mama über alles, das ist überhaupt keine Frage, aber Hella konnte alles fünf- oder sechsmal sagen, bevor es überhaupt registriert wurde. Wenn ich hingegen etwas sagte, wurde es sofort gemacht. Nicht, dass ich streng gewesen wäre, im Gegenteil: Hella war eindeutig die Strengere von uns beiden. Aber ich hatte eine andere Durchsetzungskraft bei den Kindern, was einzig und allein daran lag, dass ich nicht immer anwesend war. Garniert mit einer gewissen lausbübischen Leichtigkeit, dürfte meine »Erziehungsarbeit« Hella oftmals zur Verzweiflung getrieben haben.

Eine Zeit, von der wir bis heute als Familie zehren, war unser gemeinsamer Aufenthalt in der Türkei. Mir wurde vom Hessischen Rundfunk eine der beiden Titelrollen in *Zwei Schlitzohren in Antalya* angeboten, einer Aussteigerserie um einen deutschen Architekten, der auf seiner Reise durch die Welt zufällig einen Türken aufgabelt und sich von ihm überreden lässt, in dessen Heimat eine neue Existenz aufzubauen. Tayfun Bademsoy übernahm die Rolle des zweiten Schlitzohrs. Gedreht wurde die zwanzigteilige Serie zwei Sommer lang, jeweils von März bis August, an der Türkischen Riviera – eine einmalige Zeit. Im ersten Jahr ging Sarah noch nicht zur Schule; sie war etwa fünf Jahre alt, Laura knapp drei Jahre. Da war es also überhaupt kein Problem, mit der Familie das halbe Jahr in der Türkei zu verbringen. Für die Kinder, aber auch für uns Erwachsene war das eine wunderbare Erfahrung. Natürlich musste ich arbeiten, was bei bis zu vierzig Grad nicht immer lustig war, aber so ist es nun manchmal in meinem Beruf. Dafür kam uns die Freizeit wie Urlaub vor, denn es handelte sich wirklich in jeder Beziehung um eine Ausnahmeproduktion.

Während der Dreharbeiten waren wir Schauspieler in einem wunderschönen Club untergebracht, dessen Annehmlichkeiten wir uneingeschränkt nutzen konnten. Bis auf ein paar Getränke war hier alles inklusive. Abends, wenn mein Tagwerk vollbracht war, konnte ich die Zeit mit meiner Familie genießen. Spätestens um sechs Uhr abends tollten wir herum, gingen baden oder spielten Tennis und aßen gemeinsam im Büfettrestaurant zu Abend. Dieser Club Aldiana in Kemer, der uns dort beherbergte, war der schönste Club, den wir überhaupt je gesehen haben. Das Areal erstreckte sich weitläufig an der Küste entlang, mit einem großen Theater, einem traditionellen Hammam, einer einladenden Bar und einem schönen Pool, von dem aus man das Meer sehen konnte; lag man im Pool, sah es aus, als ob Chlor- und Salzwasser ineinander übergingen. Kleine weiße Häuschen lagen versprenkelt an ordentlich angelegten Wegen und Straßen in einem wunderschönen Park mit vielen Palmen und Bäumen; die Grundstückspreise waren niedrig und ermöglichten überhaupt erst diese spärliche Bebauung. Später sind wir viele Jahre auch rein privat immer wieder in diesen Club gefahren, weil wir die dort lebenden und arbeitenden Menschen so sehr in unsere Herzen geschlossen hatten. Heute existiert er leider nicht mehr in der Form, wie wir ihn kennengelernt haben, weil ein paar Geschäftsleute irgendwann viel Geld mit der Clubanlage verdienen wollten. Es kam eine Zeit, in der man ein Vermögen hätte investieren müssen, um die Anlage zu modernisieren. Aldiana und der Besitzer konnten sich über die Kostenaufteilung nicht einigen, sodass ein bekannter Anbieter für Türkeireisen den Club letztendlich übernahm. Allerdings investierte der nicht, sondern pinselte über alles nur ein wenig drüber. Wirklich schade! Aber bis dahin saßen wir dort unter Palmen und freuten uns des Lebens. Das war eine Leichtigkeit des Seins, wie man sie nicht überall zu spüren bekommt.

Wie in Ferienclubs üblich, gab es natürlich auch regelmäßig eine Kinderanimation, die Sarah und Laura gern genutzt haben. Während Sarah es bereits konnte, lernte Laura dort das Schwimmen – unter den nicht müde werdenden Blicken ihrer Mutter. Hella war stets hinter Laura her, egal wo sie war und was sie tat. Wenn Laura mit dem Flipperclub schwimmen war, saß Hella am Beckenrand und verfolgte das Training, auch wenn sie sich damit dem Hohn einiger anderer Mütter aussetzte. Selbstverständlich gab es dort eine ausgebildete Schwimmlehrerin, aber Hella war der Meinung: »Eine Aufsichtsperson bei zwanzig Kindern – die sieht doch nie im Leben, wenn eines dieser Kinder untergeht.« Also saß sie immer vor dem Becken, guckte intensiv zu und war dadurch letztendlich beruhigt.

Als die Serie in die Verlängerung ging und der zweite Sommer in der Türkei anstand, ging Sarah bereits in die Grundschule. Mit den wunderschönen Erinnerungen von den Dreharbeiten der ersten Staffel stand für uns schnell fest, dass wir diese Zeit wiederum als Familie vor Ort verbringen wollten. Aber war das mit einem schulpflichtigen Kind überhaupt möglich? Hella meinte, es gäbe so viele Firmen, die ihre Mitarbeiter und die dazugehörigen Familien auf Zeit in Standorte außerhalb Deutschlands versetzen würden, dass es dafür doch bestimmt Regelungen geben müsste, und bat in der Schule unserer Tochter um ein Gespräch. Sie erklärte, dass ich einige Monate im Ausland verpflichtet sei und wir Sarah gern für diese Zeit vor Ort unterrichten lassen würden. »Müssen wir in der Türkei nach einer deutschen Schule suchen, oder was tun wir am besten?« Die Antwort des Schuldirektors verblüffte uns einigermaßen. Es sei im Grunde vollkommen egal, ob Sarah dort in die Schule gehen würde oder nicht, das spiele überhaupt keine Rolle. Die Schule würde ihr Wissen und Können überprüfen, sobald wir wieder zurück wären, und daraufhin entscheiden, ob sie versetzt würde oder die Klasse wiederholen müsse. Damit stand unserem zweiten Sommer in Kemer nichts mehr im Wege, was uns sehr freute. Dennoch wollten wir natürlich verhindern, dass Sarah eventuell zurückgestuft würde, und hatten folgende Idee: Unsere Freundin Gabi war Lehrerin in Friedrichshafen und hatte ebenfalls zwei Kinder. Warum nicht einfach die Gabi samt Familie einpacken und mitnehmen und gemeinsam eine Art Privatunterricht auf die Beine stellen? Homeschooling ist ja spätestens seit der Corona-Krise in aller Munde, wobei es sich bei uns eher um ein Premium-Homeschooling handelte – lernen unter Palmen und nach Schulschluss ab ins Meer! Hella setzte sich hin und rechnete aus, wie viele Schultage Sarah in Deutschland verpassen würde. Sie zog die Wochenenden und die Ferientage ab, denn in die Zeit der Dreharbeiten fielen sowohl die Oster- als auch die Pfingstferien, und berechnete die Schultage bis zu den großen Ferien im Sommer. Exakt diese Anzahl an Schultagen absolvierte Sarah später in der Türkei. Sie lernte mit Gabi und machte Aufgaben in Deutsch, Mathe, Religion sowie Heimat- und Sachkunde, mehr gab es in der Grundschule ja noch nicht. Jeden Tag setzten sich die beiden vielleicht ein, zwei Stunden zusammen. Dieses Bild war einfach bezaubernd: Sarah saß unter einer Palme auf ihrem kleinen Stühlchen inmitten einer großen Wiese, Gabi neben ihr, und dann wurde gelernt. Manches Mal, wenn Gabi schwimmen war oder andere schöne Dinge machte, ging Sarah sogar zu ihr und sagte: »Gabi, wir müssen lernen!«

Diese beiden Sommer in der Türkei haben den Kindern wahnsinnig gutgetan, besonders in Bezug auf ihre Entwicklung und den Umgang mit anderen Menschen. Eine Zeit lang im Ausland zu leben erweitert immer den eigenen Horizont. Das ist eine ungemein wertvolle Erfahrung, die bleibt ein Leben lang. Sarah und Laura lernten Land und Leute kennen, hatten Kontakt zu gleichaltrigen Kindern, wenn sie im Flipperclub spielten, an Theaterstücken mitwirkten oder schwimmen lernten – und sie hatten eine sehr besondere Zeit mit ihrem Papa, mit dem sie gern auf einem der clubeigenen Katamarane segeln gingen. Dass dies auch zwei unvergessliche Sommer für mich waren, muss ich sicher nicht ausdrücklich erwähnen.

Während unseres Auslandsaufenthalts musste ich beruflich ein paarmal zurück nach Deutschland fliegen, weil ich mich für eine Ratesendung des Bayerischen Rundfunks verpflichten ließ, deren Idee mir sehr gefiel. Der BR adaptierte das ursprünglich aus England stammende Format *Schlüsselloch* fürs deutsche Fernsehen. Hierin wurden jeweils drei Prominente ins TV-Studio gebeten, wo sie sich kurze, vielleicht fünfminütige Einspielfilme ansahen, anhand derer sie erraten mussten, bei wem die einzelnen Filme gedreht worden waren. Diese entstanden in den Wohnungen oder Häusern ebenfalls prominenter Persönlichkeiten, die uns Einblicke in ihren privatesten Bereich gewährten. Selbstverständlich gab es in den Filmen versteckte Hinweise darauf, welche Person hier wohnte. Ziel des Teams im Studio war, die Namen der jeweiligen Besitzer der Behausungen zu erraten. Als Moderatorin führte Petra Schürmann durch die Sendung und begrüßte die enttarnten Prominenten anschließend zum Talk. Diese hatten zuvor in einem Nachbarstudio dem Rateteam dabei zugesehen, wie es sich bemühte, ihre Namen zu enthüllen. Das war sehr unterhaltsam. Nun könnte man annehmen, dass ich Mitglied des Rateteams gewesen sei – dem war aber nicht so. Meine Aufgabe war die des Reporters, was bedeutete, dass ich über mehrere Jahre insgesamt 82 Einspielfilme für diese Sendung drehte und mich damit 82 Mal im Allerheiligsten von bekannten Menschen umsehen durfte. Marcel Reich-Ranicki besuchte ich beispielsweise in seiner schönen Wohnung mit herrlicher Dachterrasse. Wir saßen im Wohnzimmer, das natürlich von einem großen Wandregal voller Bücher geschmückt war und auf dessen Boden unzählige beschriftete DIN-A4-Blätter lagen. Seine Frau holte in einer Drehpause für die gesamte Mannschaft Pizza. Beate Uhse bewohnte ein schönes Haus in der Nähe von Glücksburg direkt neben einem Leuchtturm. Als wir dort ankamen, war Frau Uhse gerade mit Gartenarbeit beschäftigt und grub kleine gelbe Rüben aus. In unseren Köpfen zogen wir gleich gewisse Pa-rallelen, weshalb wir die Kamera einfach auf diese Szenerie draufhielten. Bei Willy Millowitsch durften wir in seinem Ferienhaus auf Elba drehen, das dort malerisch direkt auf einer Klippe stand. Leider spielte das Wetter nicht mit, und statt eines sommerlichen Tages auf einer Ferieninsel mutete der Anblick eher wie ein grauer Tag an der Nordsee an. Der Wind peitschte die Wellen die Klippen hoch, sodass das Wasser bis an die Fenster des Ferienhauses spritzte. Wir entschieden, einen Tag länger zu bleiben und erst am nächsten Tag zu drehen. Somit hatten wir viel Zeit mit dem lieben Willy, verbrachten einen wunderbaren Abend, an dem wir erzählten, lachten und auch die eine oder andere Flasche Wein leerten. Unter anderem stellte ich auch mein eigenes Haus vor und war dabei in meinen Kommentaren so frech, dass die verantwortlichen Redakteure meinten, in dieser Art dürfe ich mich eigentlich nicht über die Behausung anderer Leute auslassen. Die überlegten allen Ernstes, ob dieser Film so gesendet werden dürfe. Während des Drehs hatte ich die leichte Unordnung und das liebenswerte Chaos, das Hella und mich in unseren vier Wänden umgibt, ein wenig süffisant kommentiert: »Wo ist denn hier das Telefon? Haben die das Telefon etwa versteckt?« Meine Bemerkungen gipfelten irgendwie in einer Äußerung über eine »späte Sperrmüllphase«, woran sich die Geister der Redaktion schieden. Als dann aufgeklärt werden konnte, dass es sich um mein eigenes Haus handelte, fanden es natürlich alle Beteiligten ziemlich witzig...

Viel auszustehen hatten wir mit unseren beiden Mädels zum Glück nicht, es gab keine nennenswerten Probleme. Gut, die Schule war jetzt kein reines Zuckerschlecken, aber als großes Drama taugte sie auch nicht. Sarah flutschte wie geölt durch ihre Schullaufbahn, während Laura es ein wenig schwerer hatte. Unsere Erstgeborene legte ihr Abitur mit einem Schnitt von 1,3 ab. Da wäre sogar noch mehr drin gewesen, wenn sie sich im Abschlussjahr noch ein bisschen auf den Hosenboden gesetzt hätte. Sie war aber der Meinung, es müsse reichen, einfach im Unterricht aufzupassen, dann müsse sie auch nicht weiter lernen – womit sie ja ganz offensichtlich auch nicht unrecht hatte. Das einzige Fach, mit dem sie zeitweise nicht so klarkam, war Mathematik. Als sie aber in der Oberstufe einen sehr strengen Lehrer bekam, kriegte sie irgendwie die Kurve und hatte dann selbst in diesem Fach eine gute Note. Bei Laura war das ein wenig anders. Sie konnte auch alles, aber litt unter ungeheurer Prüfungsangst. Das war uns anfangs aber noch nicht bewusst, als sie Nachhilfe in Latein und Mathe bekam. Einer ihrer Nachhilfelehrer war sogar ein Lehrer aus ihrer Schule. Der hätte ihr gar keine Nachhilfe geben dürfen, tat es aber dennoch, weil er der Meinung war, sie sei ein schlaues Mädel und könne eigentlich alles. Er versuchte, ihr die Angst vor den Klassenarbeiten zu nehmen, indem er ihr den Rat gab: »Wenn du zwanzig Fragen vor dir hast und die erste nicht beantworten kannst, dann geh doch einfach zur zweiten oder dritten Frage, fang einfach an, du kannst doch später wieder zurückgehen zur ersten Frage.« Das hat Laura aber nicht gekonnt. Das war wie eine Blockade. Sie hatte auch eine Rechtschreibschwäche, weshalb wir mit ihr hier in München zum Max-Planck-Institut gegangen sind, um das testen zu lassen. Der Professor, der sie untersuchte, ließ sie einen Text schreiben, den sie fehlerfrei niederschreiben konnte. Für Laura war das keine Prüfung im klassischen Sinn, also hatte sie damit auch keine Probleme. In ihren Klausuren in Mathe schrieb sie dagegen regelmäßig Fünfen. Eine Freundin von Hella, die selbst Lehrerin war und drei Kinder hatte, von denen eines ebenfalls unter Prüfungsangst litt, machte uns klar, dass man dagegen nichts tun könne, und riet uns, diesbezüglich zu entspannen. Laura schaffte auch so ihren Schulabschluss und lernte, mit ihrer Angst zu leben. Nur vor einer Prüfung fürchtete sie sich nie, und das war die Führerscheinprüfung. Laura wollte schon immer gern Auto fahren und vergaß darüber offenbar, Angst vor der Fahrprüfung zu entwickeln.

Als kommunikative Familie haben wir seit jeher einen guten Zusammenhalt. Bestimmt gab es auch Themen, die die Mädchen nicht mit uns Erwachsenen besprachen, aber aus vielen Dingen wurde kein großes Geheimnis gemacht. So saßen wir eines Tages gemeinsam bei einem unserer ausgiebigen Sonntagsfrühstücke und kamen auf das Thema Drogen zu sprechen. Die Kinder waren Teenager und in einem Alter, in dem wir es für sinnvoll erachteten, ein aufklärendes Gespräch zu führen. Dafür gab es keinen konkreten Anlass, und auch die Freunde von Sarah und Laura machten auf uns nicht den Eindruck, als müsste man auf sie ein Auge haben. Später erfuhren wir, dass Sarah in ihrer Klasse einen Schulkameraden hatte, der damals tatsächlich selbst ein bisschen Cannabis anbaute. Das war es aber auch schon an Gefahrenlage. Beide Mädchen gingen mal auf Schülerpartys; ansonsten waren sie in dem Alter auch nicht großartig unterwegs, rauchten nicht und tranken nicht übermäßig. Auf jeden Fall saßen wir an dem betreffenden

Morgen am Frühstückstisch und wollten gerade vorsichtig auf das Thema zusteuern, als Sarah trocken meinte: »Ihr braucht gar nichts weiter zu sagen. Haschisch habe ich einmal ausprobiert und weiß nun, dass ich es nicht brauche.« Hella und mir blieb der Mund offen stehen. Hatten wir uns gerade verhört? Sie weiß, dass sie das nicht braucht. Punkt. Dem war irgendwie wenig hinzuzufügen. Hella und ich tauschten verstohlene Blicke aus und wechselten das Thema. So viel zum Thema aufklärende Gespräche.

Beide Mädchen gingen und gehen ihren Weg. Laura probierte beruflich einiges aus, wobei sie schnell feststellte, dass ihr der direkte Kontakt zu Menschen sehr wichtig ist. Sie absolvierte verschiedene Ausbildungen im Sportbereich, weil man im Training immer nah an den Menschen ist. Im vergangenen Jahr bekam sie das Angebot, ein paar Wochen im Club Aldiana auf Zypern auszuhelfen, das sie sofort annahm. Sie machte ein wenig Urlaub dort und arbeitete nebenbei mit den Kindern im Club. Zwischendurch war sie auch immer wieder im Gastronomiebereich tätig. Heute ist sie Barista in einem Münchner Restaurant, was ihr großen Spaß bereitet. Die Kehrseite ist allerdings, dass sie auch ziemlich viel arbeitet; das ist in diesem Bereich ja gang und gäbe. Die Schichten sind lang, ein freies Wochenende ist nahezu ausgeschlossen, und die Bezahlung lässt häufig zu wünschen übrig. Nichtsdestotrotz steht sie mit Leib und Seele an ihrer Kaffeemaschine. Als Ausgleich überlegt sie, jetzt noch eine Yoga-Ausbildung zu machen. Es bleibt spannend, wohin ihr Weg sie noch führen wird. Vielleicht tritt sie ja doch noch in meine Fußstapfen. In der ARD-Serie

In aller Freundschaft standen wir nämlich schon einmal gemeinsam vor der Kamera ... In dieser Folge war auch ihre große Schwester mit dabei. Meine Rolle war die eines Imbissbudenbesitzers, der sich mit seinen beiden Töchtern aussöhnen wollte. Das war für mich schon sehr besonders, mal mit beiden Mädchen zusammenzuarbeiten. Das gab es genau einmal und nie wieder! Zusammen mit Sarah hingegen habe ich, wie bereits erwähnt, schon öfters gespielt. Sie absolvierte die Schauspielschule und ein Magisterstudium der Theaterwissenschaften und Neueren Deutschen Literatur, das sie mit Auszeichnung abschloss. Für den Beruf, den schon ihr Vater ergriff, ist sie also bestens vorbereitet, auch weil sie bereits diverse Erfahrungen beim Theater sammeln konnte. Zusätzlich will sie sich auch noch im Regiefach ausprobieren; sie hatte bereits erste Einsätze als Regieassistentin. Beispielsweise übernahm sie in dem bereits erwähnten Stück *Kerle im Herbst* nicht nur eine wichtige Rolle, sodass wir dort zusammen auf der Bühne standen, sondern war auch noch die rechte Hand des Regisseurs. Offensichtlich war Horst Johanning recht zufrieden mit ihrer Arbeit, denn er äußerte sich sehr positiv mir gegenüber. Und auch Ute Willing, die *Bis zum Horizont, dann links!* inszenierte und von Sarah unterstützt wurde, zeigte sich begeistert. Sarah ist in ihrer Arbeit extrem perfektionistisch, weiß über alles Bescheid. Das ist für eine Assistentenstelle natürlich Gold wert. Darüber freuen sich auch noch zwei weitere Regisseure, bei denen Sarah assistierte. Sie ist da also auf einem sehr guten Weg. Allerdings muss die Regie noch ein klein wenig warten, denn Sarah bekam im Jahr 2019 ihr erstes Baby. Jawohl, nun bin ich stolzer Opa einer kleinen Frida! Leider konnte ich meine großväterlichen Freuden bislang noch nicht allzu häufig genießen, weil meine Tochter mit ihrer Familie in Wien wohnt und die Reise- und Ausgehbeschränkungen, die aufgrund der Corona-Pandemie verhängt wurden, unseren Kontakt auf Telefongespräche und kleine produzierte Videoschnipsel minimierten. Wenn die Babyjahre vorbei sind, dann kann Sarah mit Sicherheit an der Regiearbeit wieder anknüpfen, was mich sehr stolz machen würde.

Das hört sich jetzt alles so an, als wäre Sarah total zielstrebig und ehrgeizig. Ganz so war das aber ehrlich gesagt nicht. Direkt nach ihrem Abitur, als die Entscheidung bereits getroffen war, dass sie Schauspielerin werden wollte, tat sie überhaupt nichts, was sie diesem Ziel näher gebracht hätte. Nach einem Jahr, in dem sie nur faulenzte, nahm Hella sie sich zur Brust. Diese Dinge waren eindeutig Hellas Sache, für klare Ansagen war ich nicht gemacht. Hella wartete also mal wieder einen Moment ab, in dem ich beruflich unterwegs war, und ging mit Sarah zu Käfer, um dort einen Kaffee zu trinken und Klartext zu reden. Es müssen Sätze gefallen sein wie: »So geht es nicht weiter, Fräulein!« Was auch immer Hella gesagt haben mag, irgendwas bewegte unsere Tochter wirklich nur Tage später, sich bei der Schauspielschule anzumelden; von da an zog Sarah alles durch. Dennoch haben beide meiner Töchter einen kleinen »Schluri« in sich, den sie von ihrem Vater geerbt haben. Mangelnder Ehrgeiz gepaart mit Understatement, so könnte man diese Charaktereigenschaft vielleicht beschreiben. Ein kleines Beispiel gefällig? Sarah sang als Kind im Kinderchor des Staatstheaters am Gärtnerplatz, weil sie eine schöne Stimme hatte und auch wirklich gut singen konnte. Ihr Gymnasium bot eine große Bandbreite an musischen Betätigungen, egal ob es das Schultheater, das Orchester oder die Band war. In Letzterer war Sarah als Sängerin aktiv und hatte tolle Auftritte mit den Sunshine Swingers, unter anderem sang sie einmal vor Bundespräsident Roman Herzog. Wenn sie ein bisschen mehr Ehrgeiz gehabt hätte, dann hätte sie es gesanglich vermutlich weit bringen können, aber so war sie eben nicht. Im Zweifel ließ sie anderen den Vortritt und stellte sich in die zweite Reihe. Zu einem besonderen Geburtstag schenkten wir Arthur Brauss die Sunshine Swingers, die von Max Greger junior geleitet wurden. Sarah trat als Sängerin auf und gab Lieder von Marilyn Monroe zum Besten. An diesem Abend war auch ihr Musiklehrer anwesend, der vollkommen baff war und staunte: »Sarah, ich wusste gar nicht, dass du so toll singen kannst!« Der hatte sie nie solo singen lassen, weil es andere gab, die gern im Vordergrund standen. Sarah lag das nicht.

Auch Laura wünscht sich Beständigkeit, einen Partner, mit dem sie gemeinsam durchs Leben gehen kann. Bisher hat sie den richtigen Mann dafür noch nicht gefunden. Mich wundert das nicht; die Suche nach dem oder der Richtigen gehört zu den großen Aufgaben des Lebens, und Laura ist ja noch jung. Ich weiß, wovon ich rede, ich habe mir selbst dafür auch einige Zeit gelassen … Einen treuen Freund hat Laura auf jeden Fall schon jetzt an ihrer Seite, und zwar ihren Ratero, einen kleinen spanischen Vierbeiner.

Auf den ersten Blick habe ich meinen Töchtern für ihr Leben wenig ernsthafte Dinge mitgegeben. In der Regel erlebten sie mich stets als gut gelaunten Papa, der gerade mal wieder zu Hause Station machte. Schon in den späten 1960er-Jahren hatte ich angefangen, Tourneetheater zu spielen. Erstmals war ich 1968 neben Inge Meysel und Gustav Knuth mit dem Stück *Junger Herr für Jenny* unterwegs. Inge Meysel hatte sich mich ausdrücklich an ihrer Seite gewünscht, und ich erinnere mich noch sehr gut an das Vorsprechen bei Regisseur Boy Gobert am Burgtheater in Wien – wie jedes dieser unsäglichen Vorsprechen fand ich es schrecklich. Dennoch bekam ich die Rolle und trat sage und schreibe mehr als zweihundert Mal mit ihr auf. So häufig, dass ich mir am Ende schwor, nie wieder mit einem Theaterstück auf Tournee zu gehen ... Mein Vorsatz hielt allerdings nicht lange vor. Kurz nach dem großen Erfolg von *Der Bastian* erhielt ich erneut ein Angebot für eine Theatertournee und ließ mich nicht allzu lange bitten. Es handelte sich im Grunde um eine klassische Win-win-Situation. Mit einem bekannten Schauspieler als Zugpferd ließ sich ein Stück an sehr viel mehr Häusern unterbringen als ohne. So profitierten die Tourneeveranstalter, es konnten mehr Theater bedient werden, und natürlich war auch die Bezahlung des Zugpferdes besser. Seither war ich jedes Jahr mindestens einmal mit irgendeinem Theaterstück auf Tournee. Dabei lernte ich Deutschland intensiver und besser kennen. Am liebsten fuhr ich nämlich selbst von einem Ort zum nächsten, ließ mir dafür meist ein großes und bequemes Auto zur Verfügung stellen, mit dem ich auch so manche Kollegin oder so manchen Kollegen mitnahm.

Sogar die Hotelbuchungen erledigte ich gern selbst. Mir wurde eine Pauschale ausgezahlt, für die ich mir dann meine Unterkünfte eigenständig suchte. In Hamburg beispielsweise übernachtete ich immer im Hotel Atlantic, weil ich dort stets gute Raten bekam, seit wir damals den kompletten Käutner-Film *Das Glas Wasser* im großen Saal des Hotels durchgeprobt hatten. Zu Hause hielt Hella während meiner Abwesenheit die Stellung. Wenn ich dann zurückkam, war ich natürlich für unsere Mädchen der heimkehrende König. Für mich zählte in diesem Moment nur die Familie, weil ich nachholen wollte, was ich über Wochen und Monate entbehrt hatte. Von den Mädchen wurde ich regelrecht belagert – ein Zustand, den ich sehr genoss. Schön war es auch immer, wenn Hella und die Mädchen mich auf Tournee besuchen kamen. Manchmal gastierten wir für ein paar Abende an einem Theater, sodass wir ein paar Nächte im selben Hotel untergebracht waren. Selbst wenn die Theater wechselten, aber nicht allzu weit voneinander entfernt lagen, blieb ich in ein und demselben Hotel, um nicht dauernd umziehen zu müssen. Und dann kam meistens Hella mit den Kindern für zwei, drei Tage vorbei. Je nachdem, wie es sich so ergab, hatte ich zwischendurch auch mal einen freien Tag, sodass wir Ausflüge machen, in der Gegend herumfahren und den Mädchen etwas zeigen konnten. Auch wenn sich das vielleicht ein wenig nach einem typischen Wochenendpapi anhört, habe ich versucht, meinen Töchtern ein paar wesentliche Dinge mit auf den Weg zu geben. Mir war es wichtig, ihnen eine gewisse Gelassenheit gegenüber den Dingen zu vermitteln, die sie sowieso nicht ändern können, eine Lockerheit gegenüber allem, was auf sie zukommen mochte. In meinen Augen sollte man die Dinge zwar ernsthaft, aber nicht verbissen angehen. Außerdem sollten die Mädchen alle Menschen achten, unabhängig von deren Abstammung und Herkunft. Und sie sollten nichts darauf geben, wenn jemand gut betucht oder gar reich ist. Gerade hier bei uns in Grünwald sind viele Familien wohlhabender als anderswo, aber darauf kommt es eben nicht an. Das Wichtigste im Leben sind meiner Meinung nach sowieso die Menschen, die einen unmittelbar umgeben, ein Partner, mit dem man sich gut verträgt und mit dem man eine Gemeinschaft bildet, die Kinder und Enkelkinder – kurz die Familie. Diese grundsätzlichen Werte versuchte ich meinen Töchtern zu vermitteln, was mir, glaube ich, auch gelungen ist. Ansonsten müssen Sarah und Laura ihren eigenen Weg, ihre eigene Richtung finden, da kann ich nur beratend zur Seite stehen. Ich formuliere das dann oftmals so: »Ich mache dir mal einen Vorschlag, und du musst entscheiden, ob der für dich passt.« Entweder sie finden den Ratschlag nicht schlecht und befolgen ihn, oder sie machen es doch anders. Ihre Erfahrungen müssen sie sowieso selbst machen; dabei kann ich ihnen nicht helfen. Denn wenn man immer alles vorgesagt bekommt, lernt man wenig. Manche Fehler müssen einfach selbst gemacht werden, denn nur so lernt man fürs Leben – wie ich aus eigener Erfahrung weiß.

Rosa Elefanten

1969

Mein Beruf führte mich nicht nur rund um die Welt, sondern bescherte mir auch einige kuriose Erfahrungen, die ich als Bäcker, Lehrer oder Automechaniker vermutlich nicht gemacht hätte und die immer für eine gute Geschichte taugen. 1969 stattete ich der Türkei für eine englische Filmproduktion das allererste Mal einen Besuch ab. Der Film hieß *Dubious Patriots*, wurde später in *You Can't Win ›Em All* umbenannt und ist in Deutschland unter dem Titel *Zwei Kerle aus Granit* bekannt. An dieser Stelle kann ich vielleicht einmal kurz mein hier unsichtbares Kopfschütteln thematisieren, das immer dann auftaucht, wenn ich die deutschen Titel meiner internationalen Filmproduktionen aus dem Gedächtnis krame. Wer denkt sich eigentlich solche Übersetzungen beziehungsweise Filmtitel aus? Das aber nur am Rande ...

Die Türken waren zwar begeistert davon, dass wir Ausländer in ihrem Land einen Film drehen wollten, aber viele waren auch der Meinung, der hohe Drogenkonsum in ihrem Land hinge maßgeblich mit uns Ausländern zusammen, während die einheimische Bevölkerung dafür an den Pranger gestellt würde. Dabei war es in Wahrheit so, dass *wir*, sobald wir aus unserem Hotel in Istanbul auf die Straße traten, sofort angesprochen wurden, ob wir Haschisch kaufen wollten. Drogen waren also ein großes Thema, und fast wäre die Produktion noch geplatzt, weil Tony Curtis sich auf dem Balkon dabei fotografieren ließ, wie er sich einen Joint drehte. Es gab zunächst einen riesigen Aufschrei, von dem die Produktion zum Glück aber nicht verhindert wurde, sodass wir trotzdem mit dem Dreh beginnen konnten.

Fünf Wochen war ich damals in der Türkei. Weil ich nicht jeden Tag drehen musste, holte ich Monika, die damals noch an meiner Seite war, kurzerhand nach, mietete uns ein Haus am Meer und genoss mit ihr ein paar Tage, die sich wie Urlaub anfühlten. Als ich von dort mit einem Wagen der Produktion abgeholt und zurück nach Izmir gefahren wurde, hielt der Fahrer urplötzlich am Straßenrand an und fragte mich ungeniert, ob ich kurz etwas rauchen wollte. In München hatte ich schon einmal Haschisch probiert, das aber überhaupt keine Wirkung gezeigt hatte. Deshalb war ich gar nicht so erpicht darauf, jetzt hier noch mal etwas zu rauchen, trotzdem ließ ich mich nach kurzer Bedenkzeit auf das Angebot des Fahrers ein. Er drehte einen richtig dicken Joint, an dem wir beide abwechselnd zogen. Was genau da drin war, was er uns da gedreht hat, weiß ich bis heute nicht. Mir wurde nur schummerig, und für einen kurzen Moment war ich richtig weggetreten.

Als wir in dem hügeligen Gebiet weiterfuhren, blickte ich gedankenverloren aus dem Fenster und sah in dunstiger Landschaft – rosa Elefanten, die überraschend dort den Berghang hinuntergaloppierten! Rosa Elefanten! Das war eine ausgewachsene Halluzination, die mich in dem Moment ereilte. Das Bild habe ich bis heute noch vor Augen.

Meine Rolle in *Dubious Patriots* war keine sehr große. Der Film spielte in der Zeit des türkischen Befreiungskriegs, kurz bevor Mustafa Kemal Pascha, später bekannt als Atatürk, den souveränen Nationalstaat begründete. Ich war Teil einer Söldnertruppe, die angeheuert wurde, eine Ladung Gold und andere wertvolle Dinge quer durchs Land nach Izmir zu bringen. Tony Curtis war der Anführer der Söldner und Charles Bronson der wilde Haudegen der Geschichte. Mein Part war der eines Unteroffiziers, der als Fahrer eingesetzt wurde. Regie führte Peter Collinson. An diesem Filmset stellte ich zum ersten Mal fest, dass das Stargehabe, das den großen Namen der Schauspielbranche immer vorgeworfen wird, bei den international bekannten Schauspielern überhaupt nicht vorhanden ist. Die Stars des Films akzeptierten mich wie ihresgleichen, ließen mich keine Unterschiede spüren. Abends saßen wir zusammen, und irgendwann bildete sich eine kleine Pokerrunde, darunter auch Charles Bronson, Tony Curtis und der nette Australier Tony Bonner. Mir machte das Pokern eigentlich Spaß, aber weil die Herren ohne Limit spielen wollten, winkte ich dankend ab: »Ohne Limit kann ich nicht mit euch pokern, das geht auf gar keinen Fall!« Denn ich verdiente nur einen Bruchteil von dem, was beispielsweise Bronson für seine Arbeit bekam. Um mich nicht auszuschließen, legten sie extra ein Limit fest, in welcher Höhe, weiß ich gar nicht mehr, irgendein läppischer Betrag. Ein Limit, das ich mir auf jeden Fall mit meinen englischen Spesen leicht erlauben konnte. Das fand ich doch sehr entgegenkommend! Am Ende habe sogar meistens ich gewonnen und mit dem Pokerspiel letztendlich mehr verdient, als ich Spesen bekommen habe …

Die Türkei war zur damaligen Zeit bei Weitem noch kein klassisches Urlaubsland, was wir in Kayseri, einem unserer Drehorte in Zentralanatolien, unzweifelhaft zu spüren bekamen. Wir wohnten dort in einem neu erbauten Hotel, das zwar einfach, aber dennoch recht einladend war. Es hatte sogar einen Swimmingpool, aber leider ohne Wasser. Unsere Produktion fragte im Hotel nach, ob man für die Zeit unseres Aufenthalts nicht Wasser in den Pool füllen könnte. Das Wasser in Anatolien war knapp, es gab dort eigentlich keines, aber für uns wurden Himmel und Hölle in Bewegung gesetzt. Das Hotel bat die örtliche Feuerwehr um Hilfe, die mit Tankwagen vorgefahren kam und einen ganzen Nachmittag lang Ladung für Ladung Wasser in den Swimmingpool füllte. Wir vergewisserten uns noch, ob auch eine Umwälzanlage im Pool vorgesehen war, und stellten beglückt fest, dass diese Anlage sogar aus deutscher Produktion stammte – alles vom Feinsten. Sie hatten auch an Chlor als Desinfektionsmittel gedacht. So weit, so gut. Ein oder zwei Tage später wachte ich morgens auf, weil vor meinem Fenster plötzlich Lärm zu hören war, Palaver, großer Tumult. Als ich aus meinem Fenster sah, traute ich meinen Augen kaum. Da war doch tatsächlich eine Gruppe von fünf, sechs, sieben Frauen, die ihre Wäsche in unserem Swimmingpool wuschen! Ab diesem Morgen ging schon keiner von uns mehr schwimmen. Aber spätestens am nächsten Tag wäre das sowieso vorbei gewesen, denn da war der Swimmingpool plötzlich grün, alles voller Algen! Die Hotelangestellten hatten die Umwälzpumpe wieder ausgeschaltet, weil sie der Meinung waren, dass man diese nur einmal laufen lassen müsste. Wie auch immer, der Badespaß war damit endgültig beendet. Meinen Eltern schrieb ich aus Kayseri einen Brief, der mir Jahre später wieder in die Hände fiel. Ich schwärmte darin von der außergewöhnlichen Landschaft und schilderte meinen Besuch in Göreme, einer kleinen Stadt in der Nähe von Kayseri, die geprägt ist von Felsendenkmalen. Vulkanausbrüche und Wasserläufe formten in Millionen Jahren diese Felsformationen, in die die Menschen ihre Wohnräume, aber auch Kirchen und Klöster eingearbeitet hatten. Das war wirklich beeindruckend. Ebenfalls beklagte ich mich in dem Brief ein wenig, dass jedes Essen nach Hammel schmecken würde – Marmelade, Käse, einfach jede Speise. Das war selbst für mich, der eigentlich alles isst, zu viel. Als Fazit schloss ich den Brief an meine Eltern mit einem guten Rat: »Macht niemals Urlaub in der Türkei!« Knapp zwanzig Jahre später verlebten Hella, die Mädchen und ich dann, wie bereits erwähnt, unseren ersten Sommer in diesem Land, das wir schätzen und lieben lernten. Es ist für mich eines der schönsten Länder mit den nettesten Menschen. Diesbezüglich hat sich meine Wahrnehmung komplett gedreht. Nirgendwo habe ich hilfsbereitere Menschen kennengelernt als dort: Sie waren stets freundlich, herzlich, offen. Wenn die Kinder länger schliefen und ich mit Hella bereits zum Frühstück gegangen war, kamen die Putzfrauen in ihren Trachten, zogen die Mädchen an und frisierten ihnen ihre Zöpfe. Man musste auch nie Angst haben, dass etwas wegkam. Schmuck und Geld ließen wir offen liegen. Wir hatten immer ein vertrauensvolles Verhältnis zu den dort lebenden Menschen. Leider kann man, aus meiner Sicht, inzwischen nicht mehr in dieses schöne Land reisen, was einzig und allein an Regierungschef Recep Tayyip Erdogan liegt. Was seit einigen Jahren in der Türkei passiert, darf man nicht auch noch unterstützen, indem man weiterhin das Land bereist. Seit 2010 sind wir nicht mehr dort gewesen, obwohl wir es zuvor mindestens drei- bis viermal im Jahr besuchten. Besonders leid tut uns die türkische Bevölkerung; unter ihnen sind nämlich nicht wenige Erdogan-Skeptiker. Ich würde sogar so weit gehen und behaupten, die ganze Türkische Riviera entlang gibt es nur wenige Erdogan-Fans.

Das politische Geschehen weltweit habe ich schon immer sehr interessiert beobachtet. Zu Zeiten des Eisernen Vorhangs durfte ich für Dreharbeiten in das Hoheitsgebiet der damaligen Sowjetunion reisen; ein Erlebnis, das definitiv nicht vielen vergönnt war. Es handelte sich um eine russische Produktion, die in Leningrad, dem heutigen Sankt Petersburg, und Kiew, der heutigen Hauptstadt der Ukraine, gedreht wurde. Offensichtlich hatte der Bayerische Rundfunk Geld in diese Produktion gesteckt, sodass Paul Dahlke in der Rolle eines deutschen Professors und ich als sein Assistent für den Film verpflichtet worden waren. Es war ein verworrener Plot rund um Diamanten in Sibirien. Die Szenen, die Dahlke und ich mit einer russischen Schauspielerin drehten, wurden anschließend in den Film hineingeschnitten. Wenn mich meine Erinnerung nicht täuscht, fand *Diamantenpfade* hier in Deutschland nie den Weg ins Fernsehen. Die Erlebnisse während der Dreharbeiten allein waren es aber wert, diesen Film gemacht zu haben. Wir drehten 1977 oder 1978 mit einem komplett russischen Team – allesamt wahnsinnig nette Leute. Es war die Zeit, in der der Anblick von Männern in Pelzmänteln noch ganz normal war; sogar Typen wie Günter Netzer trugen diese mit absoluter Selbstverständlichkeit. Einen solchen Schaffellmantel trug auch ich, weil wir im Spätherbst drehten, also zu einer Jahreszeit, in der es in Russland schon empfindlich kalt war. In Leningrad lag sogar hoher Schnee, während wir unter anderem Außenaufnahmen im Park des Schlosses von Katharina der Großen machten. Während wir Schauspieler im Schlosspark auf unsere Einsätze warteten, gab es keine vernünftigen Unterkünfte; stattdessen wurde uns ein Omnibus zum Aufwärmen zur Verfügung gestellt. Mein Pelzmantel war also goldrichtig gewählt für diese Dreharbeiten. Als ich nach getaner Arbeit irgendwann wieder in den Westen zurückkehrte, lagen weder mein Mantel noch eine meiner Jeans für die Rückreise in meinem Koffer. All die Dinge, die die Leute dort entbehrten und sich so sehr wünschten, ließ ich zurück, indem ich sie verschenkte.

In Leningrad wohnten wir im besten Hotel am Platz. Ein modernes Haus, in dessen Restaurant wir gleich am ersten Abend zum Essen einen Krimsekt bestellten. Dieser war schön trocken und wirklich lecker, sodass wir am folgenden Abend wiederum einen Sekt orderten. Dieses Mal kam der Kellner aber mit einem halbtrockenen an unseren Tisch. Als wir ihm erklärten, dass wir gern wieder den trockenen trinken würden, erfuhren wir von ihm, dass es den trockenen Sekt erst morgen wieder geben würde. An dieser kleinen Episode lässt sich sehr gut erkennen, wie das System jenseits des Eisernen Vorhangs funktionierte: »Wir haben einen großen Keller und darin zwei Abteilungen. In der einen liegt der trockene Sekt, in der anderen der halbtrockene. Die sind strikt voneinander getrennt. Montags gibt es den trockenen Sekt, dienstags den halbtrockenen und immer so weiter. Immer abwechselnd.« Das muss man sich mal vorstellen! Eingeteilt, geordnet, rationiert. Das war verrückt. Aber daran zu rütteln half nichts; damit mussten wir uns abfinden.

In Kiew gingen wir mit unseren russischen Kollegen in einem Lokal essen, in dem jeden Abend Livemusik gespielt wurde. Eine kleine Bühne am Ende des Raumes deutete darauf hin, dass hier demnächst etwas passieren würde. Schon während des Essens stiegen mehrere Männer mit ihren Instrumenten auf dieses Podest und fingen an, die Stimmung anzuheizen. Das war gar keine Musik im klassischen Sinn, sondern eher eine Art Untermalung. Die konnten mit ihren Instrumenten alle möglichen Klänge erzeugen – unglaublich faszinierend. Langsam, aber sicher eskalierte dort regelmäßig die Situation. Am ehesten kann man das vielleicht mit dem Oktoberfest in München vergleichen, denn es ist wirklich kein Klischee, dass die Russen gerne zum Glas greifen. Meine russischen Kollegen zum Beispiel soffen, wie könnte es anders sein, Wodka. Und natürlich dauerte es nicht lange, bis sie mir irgendwann davon einen Schluck anboten: »Das ist wunderbarer, guter

Wodka!« Mir schwante schon, dass dieser Schnaps äußerst hochprozentig sein würde, trotzdem nahm ich einen Schluck, weil ich die Kollegen nicht vor den Kopf stoßen wollte. Was mir dann die Kehle runterbrannte, war höllisch; das waren mindestens sechzig Prozent Alkohol! Aber ich wahrte eisern das Gesicht. Von da an war ich der große Kumpel. Der Wodka allerdings schmeckte ekelhaft!

An jenem Abend, an dem wir dort essen waren, wurde die Stimmung jedenfalls immer ausgelassener; alle kamen richtig in Fahrt, tanzten und sangen. An unserem Nebentisch feierte eine Runde russischer Soldaten, unter anderem auch ein Leutnant in Uniform. Die sangen und soffen, soffen und sangen – und irgendwann nahmen sie uns einfach in ihre Runde auf. Sie nahmen kein Blatt vor den Mund und lästerten über die NATO, dass der Westen bloß ein verrottetes Militär habe und es bei ihnen doch viel besser sei. Jedenfalls ging es dann so weit, dass sie uns zum Abschied ihre Abzeichen schenkten. Sie pflückten rote Sterne und andere Symbole von ihren Mützen und Jacken und steckten sie uns an die Kleidung. Sie müssen am nächsten Tag sicherlich furchtbaren Ärger mit ihren Vorgesetzten bekommen haben! Die Hälfte ihrer Abzeichen war einfach verschwunden ... Den roten Stern, den ich geschenkt bekommen hatte, brachte ich natürlich mit nach Hause, und Hella trug ihn lange Zeit an ihrer Jeansjacke. Der war richtig hübsch.

Während meines Aufenthalts auf russischem Boden bekam ich eine persönliche Betreuerin an die Seite gestellt, die Tag und Nacht für mich verfügbar war: Svetlana. Sie war ein hübsches Mädchen mit perfekten Deutschkenntnissen. Ihr Mann war U-Boot-Kommandant und irgendwo im Nordmeer unterwegs. Ich weiß, wie sich das anhört: hübsches Mädchen, Tag und Nacht verfügbar. Aber außer einem Spaziergang an der Newa und ein bisschen Händchenhalten war da nichts mit Svetlana. Auch wenn es ein klein wenig geknistert hat … Einmal nahm ich sie mit in eine Devisenbar, in die sie normalerweise ohne mich niemals reingekommen wäre. Als ich mich an den erstbesten Tisch setzen wollte, schüttelte Svetlana den Kopf und raunte mir zu: »Dort können wir uns nicht hinsetzen! Da werden wir abgehört!« Anschließend suchte sie einen Tisch für uns aus. Wer weiß, ob sie nicht genau den Platz auswählte, an dem wir dann tatsächlich abgehört werden konnten? Sie war ja vermutlich beauftragt, auf mich aufzupassen, damit ich keinen Unsinn machte. Trotz ihrer Aufsicht ließ ich mich wenig später aber doch noch auf eine Aktion ein, die nicht ganz ungefährlich war. Aus der Filmcrew sprach mich ein Typ an, ob ich Interesse an Antiquitäten hätte; er kenne da jemanden, mit dem er mich in Kontakt bringen könnte. In der Tat war ich interessiert. Mich treibt seit jeher eine große Neugierde auf Menschen und ihre Geschichten an, sodass mich solche Angebote direkt an diesem einen Nerv treffen. Also ließ ich mich auf die Sache ein. Was ich jetzt beschreibe, hört sich wie eine ausgedachte Räuberpistole an, aber so ist es tatsächlich gewesen! Dieser Typ aus der Crew und ich trafen uns an dem vereinbarten Tag nach Drehschluss und stiegen konspirativ in ein Taxi. Auf unserem Weg wechselten wir einmal das Gefährt und nahmen ein anderes Taxi, das uns bis zu einem Hochhaus brachte. Nachdem er auf eine der Klingeln gedrückt hatte, wurde uns geöffnet, und wir stiegen in einen Fahrstuhl. Ein Stockwerk vor unserem eigentlichen Ziel stiegen wir aus und schlichen die letzten Stufen hinauf, immer darauf lauschend, ob uns jemand gefolgt sein könnte. Oben angekommen gab es ein spezielles Klopfzeichen an einer bestimmten Wohnungstür, woraufhin sie sich tatsächlich öffnete. Die Wohnung war gesteckt voll mit Antiquitäten, Gefäßen aus Silber und Gold, alles hat geglänzt und gefunkelt. Keine Ahnung, ob die Sachen geklaut waren oder wie sie sonst dorthin gekommen waren. Auf jeden Fall wurden sie dort illegal verkauft, so viel war sicher. Wie für jedes andere Land auf dieser Welt galt auch für Russland: Gab es bestimmte Dinge, die man in keinem Geschäft offiziell kaufen konnte, so bekam man sie dennoch irgendwo unter der Hand. So funktioniert die Welt!

Nachdem ich mich eine ganze Weile interessiert umgesehen hatte, nahm ich zwei schöne alte Stiche und zwei Ikonen aus dieser Räuberhöhle mit. Bis heute haben sowohl die Stiche als auch die Ikonen ihren Platz in unserem Wohnzimmer. Spannend war es natürlich auch, diese heiße Ware aus der Sowjetunion raus- und in die BRD reinzubekommen. Am einfachsten erschien es mir, sie mit dem Gepäck der Filmcrew rauszuschmuggeln. Wir hatten zuvor am Flughafen in Leningrad einige Szenen gedreht, weshalb die Zöllner uns kannten. Wir kamen so gut miteinander aus, dass der russische Kameramann zum Abschied meinte, um das deutsch-russische Verhältnis zu verbessern, sollte ich eigentlich deutscher Botschafter in Moskau werden – na bitte! Da es sich um einen kleinen Flughafen handelte, der nur wenig Flugverkehr verzeichnete, wurden wir nicht groß kontrolliert; schon gar nicht das Filmequipment. Die Kontrollen in Ostberlin bereiteten mir schon größeres Kopfzerbrechen, was sich aber zum Glück als unbegründet herausstellen sollte. Es gab bei keiner der Kontrollen irgendwelche Probleme. Nur unser Rückflug mit einem alten, klapprigen Flugzeug der russischen Marke Tupolew gestaltete sich noch ein wenig nervenzehrend. An jedem Flügel der Maschine befanden sich zwei Propeller, die allerdings nicht alle funktionierten. Der erste sprang sofort an, der zweite nicht. Der orgelte eine kleine Ewigkeit vor sich hin, schaffte es aber nicht. Der dritte drehte sich wie der erste ohne Murren, und der vierte orgelte nicht mal. Der gesamte Startvorgang zog sich wie Kaugummi – nicht gerade vertrauenerweckend. Nach einer ganzen Weile wurde ich ungeduldig und fing an zu motzen. Man hätte ja auch vor dem Flug mal überprüfen können, ob die Maschine überhaupt flugtauglich sei ... Damit trat ich ganz offensichtlich einem der anderen Fluggäste auf die Füße, denn dieser drehte sich um und sprach mich im breitesten Sächsisch an: »Wenn's Ihn'n ne passt, dann dun Se doch mit Ihr'n eisch'nen Maschin'n fliesch'n. Bei uns sin di halt so, und mir sin ooch immer sicher in Ostberlin angegomm.«

Meine Weltoffenheit und mein Selbstverständnis, immer ein bisschen weiter über den Tellerrand zu schauen, verdanke ich meinem Beruf. Natürlich war ich auch von Natur aus ein sehr interessierter Mensch, keine Frage, aber die Schauspielerei hat das immens gefördert. Wo immer ich auf der Welt drehte, war ich daran interessiert, mit den Mitarbeitern aus dem jeweiligen Land in Kontakt zu kommen. So wie ich das immer auch am deutschen Set mache, unterhielt ich mich mit Kameraleuten, mit Beleuchtern, mit Kabelträgern.

Für die ARD-Serie *Härte 10* drehte ich 1974 fünf Monate in Afrika. Fünfmal Spielfilmlänge, die in einer extrem aufwendigen Produktion in Südafrika und Namibia, dem ehemaligen Deutsch-Südwestafrika, gedreht wurden. In vier der fünf Teile spielte ich einen Prospektor, also einen Mann, der Gesteinsformationen nach neuen Rohstoffvorkommnissen untersucht. Der Film beleuchtete das dreckige Diamantengeschäft im südlichen Afrika, in das sich eine junge Frau immer tiefer verstrickt. In meiner Rolle des Piet van Straaten verliebe ich mich in diese Diamantenschmugglerin und versuche, mit ihr eine eigene Mine zu erschließen. Die Besetzung der Serie war sowohl vor als auch hinter der Kamera international. Darunter gab es den Kameramann W. P. Hassenstein, einen hervorragenden Mann, der aus Deutschland stammte. Der Regisseur Gordon Flemyng war ein Schotte, der ganz offensichtlich mit Alkoholproblemen zu kämpfen hatte. Er drehte immer nur bis um halb drei nachmittags, danach war er zwar noch körperlich anwesend, aber so betüdelt, dass sein Regieassistent übernehmen musste. Außerdem war er als Regisseur ganz schön streng, weshalb wir uns irgendwann T-Shirts drucken ließen, auf deren Rückseite stand: »Flemyng's Flying Assholes«.

Einen Mann bescherte mir dieser Film als Freund fürs Leben. Sein Name fiel schon in diesem Buch: Arthur Brauss. Wir kannten uns bereits von früheren Dreharbeiten, aber wirklich nähergekommen sind wir uns erst in

Südafrika. Wir hatten mehrere Szenen zusammen, und einmal mussten wir uns sogar fürchterlich auf die Glocke hauen. Uns verbindet aber weit mehr als der Beruf. Arthur ist wie ich ein begeisterter Segler; wir haben schon den einen oder anderen Segeltörn miteinander gemacht und auch schon viele, viele Stunden gemeinsam an meinem Schiff gearbeitet.

In Südafrika war es die Zeit der Apartheid. Was das konkret bedeutete, erlebten wir tagtäglich während unserer Arbeit. Die Schwarzen durften nicht teilhaben am normalen öffentlichen Leben. Über die Jahre war dieser Rassismus alltäglich geworden, geradezu selbstverständlich. Trotzdem blieb er natürlich eine absolute Sauerei!

Wir drehten in Windhuk und Swakopmund, einer Stadt direkt am Atlantik gelegen, die einst von deutschen Kolonisten gegründet worden war. Hier waren die deutschen Spuren noch nahezu überall sichtbar. Es gab die »Kaiser-Wilhelm-Straße« ebenso wie das »Hansa Hotel«, in dem wir untergebracht waren. Mit der deutschen Sprache kam man überall weiter; das war wie eine große Enklave. Es gab eine Kneipe »Bei Bruno«, auf deren Theke ein großes Glas voller Soleier stand, ganz so, als wäre man irgendwo in Gelsenkirchen. Und Samstagnachmittag kamen die Bundesliga-Ergebnisse ... Die Bedienung war nett, weshalb wir öfters dort unsere Zeit verbrachten. Diese nette Dame wollten wir ein paarmal zum Essen einladen, aber sie sagte uns immer wieder freundlich, aber bestimmt ab. Irgendwann fragten wir Bruno, den Chef, warum sie uns permanent zurückweisen würde; wir wollten doch nur mit ihr essen gehen. Seine Antwort war so einfach wie erschreckend:

»She is coloured.« Also nicht schwarz, sondern ein »Mischling«. Die durfte einfach nicht!

Einer der Hauptdarsteller unseres Films war ein schwarzer Südafrikaner. Der sollte wegen seiner Hautfarbe nicht mit uns an der Abschlussfeier teilnehmen. Er musste in unserem Hotel sogar im Gesindetrakt schlafen! Das konnten und wollten wir aber nicht hinnehmen. Unser Produzent setzte daraufhin den Besitzer des Lokals, wo gefeiert werden sollte, unter Druck: »Wenn nicht alle an dem Film Beteiligten dabei sein dürfen, dann machen wir unsere Abschlussfeier eben woanders!« Und siehe da, plötzlich durfte der Kollege doch mit uns auf die gelungene Produktion anstoßen. Allerdings mussten wir allesamt Stillschweigen bewahren. Das durfte keinesfalls publik werden, sonst hätte es erhebliche Schwierigkeiten für uns alle zur Folge haben können. Diese strikte Rassentrennung und ständige Diskriminierung der schwarzen Bevölkerung mitzuerleben war schon heftig.

Etwas komplett anderes, aber gesellschaftlich nicht weniger spannend war für mich der Besuch in einer echten Diamantenmine, in der wir Aufnahmen für den Film machten. Unser Team bekam eine Führung, bei der uns gezeigt wurde, wie die Diamantengewinnung dort genau vonstattenging. Das Gestein lief auf einem langen Förderband durch die Mine, zweimal hintereinander wurde es in verschiedenen Vorgängen sehr stark zerkleinert, um danach über eine schiefe Ebene geleitet zu werden. Diese Schräge hatte vielleicht eine Fläche von drei mal zwei Metern und war mit einer dicken Fettschicht überzogen. Wenn nun das zerkleinerte Material mit Wasser über diese abschüssige Fettschicht gespült wurde, lief das Wasser ab, schwemmte den Dreck mit fort und ließ die Edelsteine zurück. Die Diamanten – der härteste Stoff, den es überhaupt gibt – wurden durch diese Prozedur nicht beschädigt, sie nahmen das Wasser nicht an, bewegten sich nur, weil das Wasser sie antrieb, und blieben einfach in dem Fett stecken. Wäre der Untergrund glatt und hart gewesen, wären sie mit fortgespült worden. Dann stand jemand daneben, der mit einer Pinzette oder ähnlichem Werkzeug die Diamanten einfach aus dem klebrigen Fett holte und in eine leere, abgewetzte Coladose schmierte. Wir Filmfuzzis standen alle um diesen Mann herum und staunten nicht schlecht, als er uns seine Arbeit demonstrierte. Nun war es so, dass die meisten von uns auf seiner Seite des Förderbandes standen; nur ich stand auf der anderen. Während er also einen Diamanten aus dem Fett löste, ihn herumzeigte und in seine Dose strich, drehte er mir den Rücken zu. Eigentlich wollte ich ihn mit einem Fingerzeig darauf aufmerksam machen, dass dort ein weiterer Diamant steckte. Aber als ich realisierte, dass er sich gerade von mir weggedreht hatte, griff ich zu, ohne groß darüber nachzudenken, und nahm diesen Diamanten. Zunächst wollte ich ihn mir nur angucken, um ihn danach zurückzugeben, aber irgendwie war die Gelegenheit dafür plötzlich vorbei, der Moment verstrichen. Was mache ich denn nun, schoss es mir durch den Kopf. Und ohne über Konsequenzen nachzudenken, ließ ich den Edelstein in meiner Hosentasche verschwinden … Natürlich wurde jeder und alles dort strengstens überwacht. Die Diamantenmafia hatte sicher überall ihre Finger drin. Die Mitarbeiter wurden nach ihrer Arbeit kontrolliert, um zu verhindern, dass die wertvollen Steinchen Beine bekamen. Diese Minen glichen im Grunde Hochsicherheitstrakten. Und dann kam da irgend so ein Schauspieler aus Deutschland, der wie eine kleine diebische Elster auf einen der unscheinbaren Steine reagierte... Auf keinen Fall hatte ich den Plan oder die Absicht, einen Diamanten zu stehlen, aber wie heißt es doch so treffend: Gelegenheit macht Diebe! Das war für mich schon ein ziemlicher Nervenkitzel in dem Moment.

Der Rohdiamant lag viele, viele Jahre bei mir zu Hause in einem kleinen Tablettenkästchen. Als wir Jahre später mit der Familie in der Türkei waren, lernten wir einen sehr netten Mann kennen, der Goldschmied war. Und Hella kam auf die Idee, sich den Diamanten von ihm schleifen und fassen zu lassen. Aber das ist leichter gesagt als getan. Man kann nicht einfach mit einem Rohdiamanten daherkommen, um den schleifen zu lassen. Sofort wird nachgefragt, woher der stammt, denn all diese Steine sind registriert. Jedenfalls schlug der Goldschmied vor, den Diamanten in seiner Rohversion zu nutzen, ihm einfach so eine Fassung zu geben. Das fand Hella wunderbar, und der Ring ist wirklich originell geworden. Ich mag ihn bis heute. Die Geschichte, wie ich an diesen Rohdiamanten gekommen bin, habe ich noch nie öffentlich erzählt. Nur gut, dass mein Vergehen sicherlich inzwischen verjährt ist. Sonst würde ich nach Veröffentlichung dieses Buches noch von der Polizei abgeholt ...

Wo ich gerade dabei bin zu beichten: Ich bin nun wahrlich kein Langfinger, aber ein weiteres Mal hat mich der

Nervenkitzel dann doch noch übermannt. Horst Janson als Gefahrensucher! 1975 drehte ich mit Lee Marvin und Roger Moore den Film *Shout at the Devil*, der in der deutschen Fassung den Titel *Brüll den Teufel an* trug. Es war die konfuse Geschichte eines Amerikaners und eines Engländers, die in Deutsch-Ostafrika zu Beginn des Ersten Weltkriegs gemeinsam Elefantenstoßzähne wilderten. Bei ihren Raubzügen waren sie auch auf afrikanischen Gewässern unterwegs, sodass es verschiedene Schiffsszenen gab. Bei einem Überfall auf einen Materialtransport kam ich in der Rolle des Ersten Offiziers des überfallenen Frachtschiffes ins Spiel. Roger Moore brach durch das Oberlicht des Schiffes, schlug die Scheibe kaputt und sprang mir von oben ins Genick. In der Kajüte entwickelte sich daraufhin eine wilde Schlägerei zwischen ihm und mir. Dabei schlug ich ihn aus Versehen auf den Solarplexus. Moore blieb sofort die Luft weg – die gesamte Szene musste abgebrochen werden. Mir tat das natürlich leid, aber ein bisschen zuschlagen muss man in solchen Szenen schon, sonst sieht es im Film hinterher albern aus. Meiner Meinung nach hatte ich ihn gar nicht so fest getroffen, aber es reichte wohl aus, um Roger Moore kurzzeitig außer Gefecht zu setzen. Er rächte sich dann später, indem er mich erstach – in meiner Rolle, versteht sich.

Obwohl die Geschichte in Afrika spielte, setzte ich für diesen Film keinen einzigen Fuß auf den afrikanischen Kontinent, denn all diese Schiffsszenen wurden auf Malta gedreht. Der Inselstaat im Mittelmeer ist in meiner Branche bekannt für seine Filmstudios, die dank zweier großer Wassertanks auf Unterwassereffekte und Bootsszenen spezialisiert sind. Diese Tanks funktionieren wie riesige Infinity-Pools, die heute in den gehobenen Wellnesshotels so angesagt sind. An ihrem Ende ist nichts außer dem Himmel zu sehen, sodass sich wunderbar Szenen mitten auf den Weltmeeren simulieren lassen, bei denen sich nur der Horizont im Wasser spiegelt. Schon für *Murphy's War* war ich in einem dieser Tanks abgesoffen. Den Wassereinbruch, das Absacken »meines« U-Boots im Orinoco, die Panik und schließlich das elendige Ersaufen der Besatzung drehten wir in den Studios auf Malta. Solche Szenen lassen sich ja nicht irgendwo im offenen Gewässer drehen; da müssen natürlich gewisse Sicherheitsstandards eingehalten werden, damit nicht wirklich noch jemand ertrinkt. Und auch bei *Shout at the Devil* spielten wir die Ereignisse, die auf der Kommandobrücke des Schiffes geschahen, im sicheren Wassertank nach.

Im Steuerhaus dieses Schiffes hing nun so ein hübsches altes Holzkästchen mit Deckel an der Wand, das mir sofort ins Auge fiel. Mir drängte sich der Gedanke auf, dass dieses kleine Schmuckstück wunderbar auf mein eigenes Schiff passen würde. Nachdem wir fast alle Szenen im Kasten hatten, beschäftigte mich nur noch ein Gedanke: »Wie komme ich jetzt an dieses Holzkästchen?« Im Endeffekt war es ganz einfach. Am Abend des letzten Drehtags montierte ich in einem unbeobachteten Augenblick die Schatulle mit ein paar Handgriffen von der Wand, warf meine Marinejacke, die ich als Kostüm getragen hatte, darüber und nahm es heimlich mit. Noch heute hat dieses Kästchen auf dem Schiff, das inzwischen meinem Freund Mike gehört, seinen Platz – als Andenken an meinen Film mit

Roger Moore. Und weil ich weiß, woher es stammt, ist es für mich noch um einiges eindrucksvoller.

Nicht immer müssen es Souvenirs sein, die mich an meine Filme erinnern. Manchmal sind es auch die speziellen Tricks, die ich während der Dreharbeiten kennenlernte, um die Dinge im Film möglichst realistisch erscheinen zu lassen. In dem Fluchtdrama *Tunnel 28* von Regisseur Robert Siodmak spielte ich gemeinsam mit Christine Kaufmann, wobei meine Rolle sehr viel kleiner war als ihre. Der Film entstand 1962 und gilt als erste filmische Reaktion auf den Bau der Mauer. Gleich zu Beginn der Geschichte versuche ich als Christines Bruder, mit einem 35-Tonner-Kranwagen durch die Mauer zu brechen und aus Ostberlin zu fliehen, wobei der Kranwagen stecken bleibt. Weil die Mauer aber bereits zerstört ist und ein Loch hat, springe ich aus dem Truck und renne Richtung Freiheit. Meine Flucht wird jäh durch den Schuss eines Vopos gestoppt; er schießt mir in den Rücken. Und bei dieser Szene lernte ich, wie man solch einen Schuss so darstellen kann, dass er absolut realistisch aussieht.

Siodmak ließ die Szene zunächst in einer Totalen drehen, danach erst ging es an die Nahaufnahmen. Für diese bekam ich einen stabilen, festen Gürtel umgebunden, an dem hinten ein Seil eingehängt wurde. Dieses Seil war exakt so lang, dass ich genau vor der Kamera zusammenbrach, nachdem ich getroffen worden war. Meine Panik konnte ich also voll ausspielen, ich sprang aus dem Wagen, rannte mit voller Kraft Richtung Kamera und musste mich nicht darum kümmern, wann ich wie getroffen wurde. Am Ende des

Seils spürte ich automatisch diesen Ruck, der mich plötzlich nach hinten riss, denn seltsamerweise reißt ein Schuss in den Rücken einen nach hinten und führt nicht dazu, dass man nach vorn stürzt. Die gesamte Szene erschien also extrem echt, und ich konnte mich schauspielerisch komplett auf mein Sterben konzentrieren. Diesen Trick wandte man damals schon in Western und anderen amerikanischen Filmen an, und Robert Siodmak kannte den eben.

Gestorben bin ich in Filmen schon unzählige Male. Der wohl ungewöhnlichste Tod ereilte mich in der deutsch-französischen Fernsehproduktion *Eine Rose für den Maharadscha*, die in Sri Lanka gedreht wurde und in der Ralf Bauer, ein geschätzter Kollege und lieber Freund von mir, einen indischen Prinzen spielte. Als durchtriebener Waffenhändler bin ich sein böser Gegenpart und komme letztendlich durch einen riesigen Deckenventilator zu Tode, der mir den Kopf abschlägt. In dem englischen Kriegsfilm *Ausbruch der 28* wurde ich aufgehängt, was ebenfalls eine besondere Erfahrung für mich war. Die Handlung spielte in einem Kriegsgefangenenlager in Schottland, in dem vorwiegend Marine- und Luftwaffenangehörige festgehalten werden. Helmut Griem hatte eine der Hauptrollen als Anführer einer Gruppe von U-Boot-Fahrern, die einen Ausbruch aus dem Gefangenenlager planen. Ich spielte einen Luftwaffenoffizier, der absolut gegen das geplante Unterfangen ist. Weil die Ausbruchswilligen die Gefahr sehen, dass ich sie verraten könnte, knüpfen sie mich irgendwann bei Nacht und Nebel auf. Für den Dreh wurde ich als Leiche zurechtgemacht, bekam dann ein Geschirr um, an dem ich wenig später hinaufgezogen wurde und das mich während dieser Szene hielt. Trotzdem wurde mir natürlich ein Seil um den Hals gelegt, das auch vernünftig gespannt aussehen musste – sonst wäre die ganze Szene ja gar nicht glaubhaft gewesen. Dieses gespannte Seil um den Hals war überhaupt kein gutes Gefühl ... Die haben mich aber zum Glück nicht allzu lange dort oben hängen lassen. Und gesichert war ich ja auch. Ganz im Gegensatz zu dem Dreh, den ich für die ebenfalls englische Produktion *Blaues Blut* absolvierte. Hierfür sollte ich mich an einem Kühlturm herunterhangeln, der rundherum eingerüstet war. Ich schwang mich also von einer Gerüstebene zur nächsten, und zwar komplett ungesichert – das war alles andere als ungefährlich! Dinge, die man macht, weil die Produktionsfirma irgendwelche Kosten sparen will. Wirklich gefährliche Dinge, die man eigentlich nicht machen sollte. Ich kann von Glück sagen, dass mir bei Dreharbeiten nie etwas Schlimmes passiert ist. Und das wird hoffentlich auch auf meine alten Tage so bleiben ...

Eine gar nicht so heimliche »Geliebte«

1971

Auf dieses Kapitel freue ich mich jetzt schon so viele Seiten lang. Es gibt nur wenige Dinge, über die ich lieber rede oder in diesem Fall schreibe als über meine Segelleidenschaft. Dieser wunderschöne Wassersport begleitet mich nun schon viele Jahrzehnte und gehört damit zu den großen Konstanten in meinem Leben. Ganz zu schweigen von den unzähligen wunderbaren Erinnerungen, die mir das Segeln über die Jahre beschert hat. Deshalb bin ich Walter Giller unheimlich dankbar, dass er mir vor ziemlich exakt sechzig Jahren erstmals vorschlug, gemeinsam mit ihm segeln zu gehen. Neben vielen anderen Kollegen drehten Nadja Tiller und ich damals die *Buddenbrooks* in Hamburg. Sie hatte dabei eine weitaus größere Rolle als ich, weshalb ich öfter im Hotel anzutreffen war als sie. Zur damaligen Zeit stiegen die meisten Schauspieler, die in Hamburg zu tun hatten, im beliebten Bellevue ab. Das Hotel war berühmt für seine kleine Kellerbar, in der abends ein Pianist am Flügel für angenehme Atmosphäre sorgte und wo sich die Schauspieler nach getaner Arbeit erholen konnten. Auch die gesamte Hamburger Schauspielszene tummelte sich hier, ebenso wie Regisseur Jürgen Roland, der hier oftmals anzutreffen war. Dort saß regelmäßig auch Walter Giller, Nadjas Mann, der während der Drehzeiten seiner Frau ein wenig die Zeit totschlug. Eines Tages fragte er mich also, ob ich nicht Lust hätte, mit ihm segeln zu gehen. Er hätte einen Bekannten, der ein kleines Kajütboot auf der Alster liegen hätte. Dankbar für jede kleine Abwechslung ging ich natürlich mit. Es war das allererste Mal, dass ich mich auf einem Segelboot befand. Deshalb saß ich auch einfach nur da und beobachtete, wie der Walter das kleine Boot im Wind manövrierte. Er war der Erste, der mir die Grundbegriffe des Segelns beibrachte. Mir kam diese leise Sportart sofort sehr entgegen, weil auch ich ein eher leiser Typ bin. Beim Segeln muss nicht viel geredet, sondern mehr gedacht werden. Man muss vorausschauend handeln, sich auskennen mit dem Wetter, eins sein mit dem Wind. Obwohl mir das Segeln von Anfang an gut gefiel und ich großes Vergnügen daran fand, wurde nicht direkt eine Leidenschaft daraus. Allerdings, wann immer ich danach wieder in Hamburg arbeitete – ob für *Das Glas Wasser* oder die *Sesamstraße* –, mietete ich mir ab und zu so eine kleine Jolle und schipperte damit ein bisschen auf der Alster umher.

Bis der Funke richtig übersprang, dauerte es noch ein paar Jahre. Ein Freund von mir, Charlie Meier, der damals in München eine extrem angesagte Diskothek besaß, nämlich das Charlie M, lud mich zum Segeln auf dem Starnberger See ein. Er hatte dort ein eigenes Boot liegen, von dem er mir immer wieder vorschwärmte: »Komm doch einfach mal mit!« Mir war aber klar, dass er mich nur einlud, weil er sich in meine Freundin Monika verguckt hatte und darauf hoffte, dass sie mich auf das Boot begleiten würde. Daher schlug ich seine Einladungen jedes Mal mit einer anderen Begründung aus. Irgendwann gingen mir die Ausreden aus, sodass ich mich schließlich überwand und mich endlich mit ihm am Boot verabredete. Als ich zum See kam und es dort schon von Weitem leise auf dem Wasser schaukeln sah, war es um mich geschehen. Ich hatte mich sofort verliebt! Charlies Boot war ein 30-m^2-Schärenkreuzer aus Schweden, Baujahr 1927. Zwölf Meter lang, aber an der breitesten Stelle nur zwei Meter breit. Das Boot hatte eine flache, schöne Kajüte, in der man nicht stehen, sondern nur sitzen, aber auch schlafen konnte. Ein Traum von einem Boot! Dem Charlie rang ich sofort das Versprechen ab: Wenn er jemals da-rüber nachdenken sollte, dieses Schmuckstück zu verkaufen, dann müsse er zuallererst mich anrufen und fragen, ob ich es haben wolle. Interessenten für das Boot gab es nämlich genug. Nach mir zeigte auch Fritz Wepper großes Interesse daran. Aber Charlie, obwohl er ein sprunghafter Typ war, erinnerte sich an das mir gegebene Versprechen, als er sich einige Zeit danach in ein elegantes italienisches Motorboot verliebte. Für Charlie stellte das Boot schon immer eine willkommene Möglichkeit dar, den Frauen zu imponieren; und das lässt sich natürlich mit einer schönen, schnellen Motorjacht viel besser erreichen als mit einem Segler. Er kaufte sich das schicke Boot mit Liegefläche hinten, auf der sich die Damen bei einem Törn auf dem Starnberger See gekonnt in Positur legen konnten. Sein Glück, mein Glück! Ich musste keine Sekunde überlegen, zahlte ihm 10 000 DM und war damit stolzer Besitzer einer bildschönen Segeljacht!

Allerdings war das Boot ganz schön kaputt. Charlie hatte immer nur darauf Wert gelegt, dass es von außen toll aussah, um Eindruck zu schinden. Jedes Frühjahr wurde das Boot neu lackiert, sogar unter Wasser hatte es einen schicken Schriftzug über dem Kiel. Hier stand mit roter Farbe auf weißem Grund der Name »Shark«, wie das Boot hieß, noch bevor es meins wurde. Wenn ich mit Charlie segeln war, starker Wind ging und wir Lage schoben, rief er mir immer zu: »Zeig ihnen den *Shark*!« Ich fand das äußerst doof ...

Rein äußerlich sah das Boot also tipptopp aus. Allerdings wenn man die Deckel aufmachte: verrostete Eisen, gesplitterte Spanten. Natürlich wusste ich das, aber mir war es das Geld dennoch wert. Denn es gibt nicht mehr viele Jachten aus dieser Zeit. Für mich sind sie von unübertroffener Schönheit und Eleganz – und langsam sind sie auch nicht, was unsere späteren Regatta-Erfolge eindeutig beweisen.

Von da an begannen die langen Jahre der Restauration. Vieles habe ich selbst reparieren und erneuern können, aber natürlich nicht alles. Bei den Arbeiten rund um das Boot hat mir immer wieder mein guter Freund Michael Quast, genannt Mike, geholfen, den ich über meinen Bruder Axel kennengelernt hatte. Beide waren damals im Messebau tätig und handwerklich sehr begabt. Mike und ich freundeten uns schnell an, und von da an war ich nicht mehr allein bei der Bastelei am Boot. In all den Jahren lief es immer gleich ab: Im Herbst segelten wir das Boot in die Werft in Starnberg. Die notwendigen Arbeiten waren schnell erledigt:

Mast abbauen, Segelsäcke und Kajütpolster ausräumen und so weiter. Dann wurde es an einen Kran gehängt, aus dem Wasser gehoben, auf einen Transportwagen gestellt und in die Winterlagerhalle geschoben. In den letzten fünfzehn Jahren veränderten wir diese Vorgehensweise etwas. Nachdem ich einen Bericht über Fischer in Norwegen gelesen hatte, die ihre Holzkutter im Winter im Wasser liegen ließen, damit sie nicht austrockneten, passten wir das Winterquartier entsprechend an. Die »alte Dame« hält jetzt ihren Winterschlaf in einem langen, überdachten Motorbootschuppen im Wasser. Im Frühjahr wurde sie dann in jedem Jahr an Land geholt und von uns liebevoll behandelt: Malerarbeiten, Wechseln von Beschlägen, Antifouling-Farbe auf dem Unterwasserschiff erneuern et cetera. Es gab immer mehr als genug zu tun. Auch als Mike dann in seinem Beruf als Architekt viel zu tun hatte, nahm er sich regelmäßig Zeit für unser gemeinsames Hobby. Jene Dinge, die Mike und ich allein nicht schaffen konnten, ließen wir in der benachbarten Werkstatt machen. Hier wurden beispielsweise die verrosteten Eisenspanten durch rostfreie Edelstahlspanten ersetzt. Auch zeigte man uns, wie Lackierungsarbeiten am Boot richtig ausgeführt werden. Glücklicherweise bin auch ich kein schlechter Handwerker, und es ist wie in vielen anderen Bereichen des Lebens auch: Man wächst mit der Herausforderung. Ausgehend von den ersten einfachen Reparaturarbeiten steigerten wir uns Jahr für Jahr, und eines Tages konnte ich sogar ein Stück Planke neu einsetzen, was zu den schwierigeren Arbeiten an einem Boot zählt. Auch zu Hause mache ich eine Menge selbst und habe eigentlich immer Spaß dabei. Mit den eigenen

Händen etwas zu schaffen ist noch mal eine andere Sache, als kreativ mit Texten umzugehen. Es ist auch gar nicht so schwer, wenn man den entsprechenden Willen dazu hat. Packt man die Dinge im Leben mit Freude an – davon bin ich überzeugt –, ist die Wahrscheinlichkeit größer, damit auch Erfolg zu haben! Deswegen sind die Menschen häufig so unglücklich in ihren Berufen, weil sie eigentlich keinen Spaß an dem haben, was sie tun. Ich für meinen Teil hätte auch Handwerker werden können. Dieser Beruf hätte mir sicherlich auch Freude bereitet.

Die gesamte Restauration des Bootes gipfelte am Ende in einem letzten großen Auftrag, bei dem ich ein neues Teakdeck legen ließ, weil das alte nicht mehr dicht war. Man hatte auf das alte Deck, das aus Stabhölzern bestand, Mahagoniplatten gelegt, die allerdings stumpf nebeneinandergeschraubt waren. Wenn nun die Sonne darauf schien, zogen sich die Platten zusammen, und es öffneten sich kleine Spalten, zwischen denen das Wasser in das Bootsinnere lief. Es tropfte also fortwährend in die Kajüte, was äußerst unangenehm war. Das war der Grund, weshalb ich das ganze Deck neu machen ließ. Als Erstes mussten wir natürlich das alte Deck vollständig abbauen. Diese nicht ganz einfache Arbeit erledigten wir selbst, um die Kosten zu reduzieren. Dabei half mir tatkräftig mein Freund Arthur. Dann übernahm der Bootsbauer in der Werft, der noch einen ganzen Teakstamm bei sich auf Lager hatte, den wir für das Deck verwenden konnten. Er verlegte über die Decksbalken sechs Millimeter dicke Sperrholzplatten, auf die dann die Teakleisten aufgelegt wurden. Zwischen die Fugen goss er eine gummiartige Masse aus einem speziellen Kunststoff, die bis heute elastisch ist und dadurch noch immer perfekt abdichtet. Abschließend wurde von oben alles noch einmal geschliffen. Insgesamt eine irrsinnige Arbeit, die sich immer weiter verzögerte. Es war das Jahr, in dem Hella und ich heiraten wollten. Und auch wenn ich es ungern zugebe, so wäre unsere Hochzeit fast dadurch ins Wasser gefallen, dass das Boot nicht fertig wurde ... Die Arbeiten am Boot verzögerten sich mehr und mehr, sodass ich Hella irgendwann beichten musste: »Es tut mir leid, aber ich kann nicht mit nach Barbados.« Manchmal mache ich wirklich verrückte Sachen!

Hella reagierte verständlicherweise fassungslos, aber der große Sturm blieb irgendwie aus, was vermutlich daran lag, dass sie mich nur zu gut kannte. Schon zu Beginn unserer Beziehung gab es das Boot in meinem Leben. Gekauft haben muss ich es wohl 1971, wenn ich mich recht erinnere. Hella kannte mich also nur als Bootsbesitzer und Bastler, war daher Kummer gewohnt. Jahrelang gab es bei uns kein Osterfest, kein Pfingsten, weil immer etwas am Boot zu tun war. Offenbar vertraute sie darauf, dass sich die ganze Aufregung in Wohlgefallen auflösen würde. Und dass ich es zeitlich dann doch nach Barbados schaffte, schrieb ich ja bereits ...

Damals hatte ich einen Liegeplatz für das Boot an einer Boje in der Tutzinger Bucht. Wollte ich segeln, musste ich erst dreißig Meter mit einem Beiboot, das in einer Holzhütte am Strand lag, zum Boot fahren. Am Ufer des Sees stand ein wunderschöner kleiner Turm, der bewohnt war und es mir angetan hatte. In einem Gespräch erzählte ich meiner damaligen Agentin Carla Rehm von diesem Turm und schwärmte: »Da würde ich gern wohnen ...« Wie es der Zufall so wollte, hatte sie gehört, dass die derzeitigen Bewohner eine größere Behausung suchten, und versprach mir, sich diesbezüglich für uns einmal schlauzumachen. Es war wie eine schicksalhafte Fügung, denn unsere Doppelhaushälfte mussten wir aufgrund des Eigenbedarfs der Vermieter sowieso demnächst räumen. Somit zogen Hella und ich 1980 in diesen kleinen Turm in Tutzing, direkt am Ufer des Starnberger Sees. Es war ein ehemaliger Musikpavillon, der ursprünglich zum Tutzinger Schloss gehört hatte und in dem einst sogar Johannes Brahms seine Kompositionen schrieb! Früher einmal hatten dort zwei von diesen Türmen gestanden. Einer der beiden war auf Holzpfählen im See gebaut worden. Weil der Wasserstand des Starnberger Sees über die Jahre sank, wurde das austrocknende Holz der Pfähle durch massive Schrumpfung und Rissbildung morsch, sodass der zweite Turm abgerissen werden musste. Unserer war glücklicherweise vollkommen in Ordnung. Wir wohnten dort in zwei achteckigen, jeweils dreißig Quadratmeter großen Räumen auf zwei Ebenen, die durch eine kleine Treppe an der Seite miteinander verbunden waren. Eine breite Tür führte im Erdgeschoß zur ebenerdigen Terrasse, während im Obergeschoß eine umlaufende Terrasse nach draußen lockte. Die Räume zeichneten sich durch hohe Decken und bodentiefe Fenster aus. Hinter dem Turm gab es einen kleinen Anbau, in dem der Eingang mit Vorraum, Küche und Bad war. Auf diesem Anbau befand sich eine weitere Terrasse. Dies alles fand Platz auf einem riesengroßen Grundstück, auf dem noch zwei weitere Häuser standen, hinter den Bäumen ein Zweifamilienhaus und am See noch ein Bungalow, außerdem noch ein Bootshaus. Das Grundstück hatte einen wunderbaren Eingang mit einem großen schmiedeeisernen Tor und einem kleinen Türchen darin. Dahinter führte ein langer Weg zu unserem Zuhause. Durch die großen Bäume waren beide Grundstücksbereiche vollkommen voneinander getrennt. Für ein Ehepaar ohne Kinder war unser Turm ein Traum! Wenn er damals zum Verkauf gestanden hätte, hätten wir sofort zugeschlagen. Bis heute trauern wir ihm ein klein wenig nach, aber er war leider nicht zu erwerben. Die Besitzerin hatte uns stattdessen zugesagt, dass wir in ihm so lange wohnen bleiben könnten, wie wir wollten. Als sie starb, war leider alles anders. Nach ihrem Tod entbrannte unter den Erben ein Streit, der auch dazu führte, dass wir von Tutzing nach Grünwald zogen. Wir hatten auf diese Querelen einfach keine Lust; außerdem war Sarah inzwischen auf die Welt gekommen, sodass unser Türmchen auf Dauer sowieso zu klein für uns als Familie wurde. Dennoch trennten wir uns nur allzu schweren Herzens.

Viele schöne Erinnerungen hängen bis heute daran. Beispielsweise feierten wir hier Sarahs Taufe, organisierten ein riesiges Fest hinten bei uns im Garten. Dafür war das Grundstück ideal. Von unserer Terrasse bis zum See waren es vielleicht fünf Meter, nur ein kleines Mäuerchen und eine Rosenhecke trennten uns vom Wasser. Wir hatten einen eigenen kleinen Bootssteg, von dem aus wir im Sommer im Starnberger See schwimmen gingen. Der See ist ja einer der saubersten in ganz Deutschland, weil schon in den 1960er-Jahren ein Ringkanal um den See gebaut wurde, in den seither alle Abwässer der Anliegergemeinden fließen.

Die einzigen Abwässer, die noch in den See gelangen, sind die Düngezusätze der Bauern, die diese auf ihren Feldern ringsum verwenden. Auch wenn unser Steg nicht als Anlegesteg gedacht war, machte ich mit meinem Boot manches Mal direkt vor unserem Garten fest. Und selbst an der Boje hatte ich sie immer im Blick. Das Panorama war sowieso traumhaft. Auf der anderen Seite des Sees, der Ostseite, sah man das Pocci-Schloss, das bei sonnigem Wetter wunderschön von der Abendsonne angeleuchtet wurde. Und blickte man gen Süden, war hinter dem See die volle Alpenkulisse zu erkennen.

Einmal waren Arthur und ich segeln, während Hella mit einer Freundin zu Hause geblieben war. Plötzlich kam eine ihr unbekannte Blondine mit hohen Stiefeln in unseren Garten, warf ihren Mantel über einen Stuhl und setzte sich wartend auf unsere Terrasse. Hella und ihre Freundin beobachteten von drinnen gespannt, was passieren würde. Als Arthur und ich heimkehrten, begrüßte uns diese Frau, die sich als eine Bekannte aus Hamburg entpuppte, absolut überschwänglich. Auf meine Frage, ob sie nicht auf die Idee gekommen wäre, dass ich vielleicht eine Freundin haben könnte, antwortete sie: »'n büschen Verlust ist immer dabei ...«

Viele unserer Freunde besuchten uns gern im Sommer, weil ein Ausflug an den Starnberger See immer lockte. Die arme Hella saß dann häufig allein mit diesen Freunden in unserem Garten, weil ich mal wieder am Boot arbeitete. Wenn die Frage kam, wo ich denn sei, kam ihre schlecht gelaunte Antwort: »Der ist bei seiner Geliebten!« Das ging meist den ganzen Sommer so. Bei schönem Wetter war Hella nur mit Kuchenbacken, Kaffeekochen, Aufdecken, Abdecken, Spülmaschine bestücken und wieder ausräumen beschäftigt. Irgendwann sagte sie sich: »Das mache ich nicht mehr mit!« Von da an arbeitete sie jedes Wochenende in der Redaktion, samstags und sonntags ...

Auch wenn sie mich später mit den Kindern beim Boot besuchte, hatte sie wenig Freude an mir. Ich nahm mir keine Zeit für die Familie, sondern arbeitete wie selbstverständlich weiter, während sie mit den Kindern allein spazieren ging. Ich gebe zu, Hella hatte diesbezüglich einiges auszustehen. So erklärt sich sicherlich auch Hellas Eifersucht, die in Bezug auf andere Frauen nie spürbar war, in Bezug auf das Schiff aber schon!

Als ich mein Boot kaufte, hieß es wie erwähnt »Shark«, zuvor »Annemarie«. In meinen Händen wurde daraus die »Shamrock«. Obwohl es eine alte Regel gibt, die besagt, dass man Schiffe eigentlich nicht umtaufen soll, stand für mich von Anfang an fest, dass es nicht bei »Shark« bleiben konnte. Auf der Suche nach einem geeigneten Namen begeisterte mich folgende Geschichte: Sir Thomas Lipton, der Tee-Milliardär der Marke Lipton Tea, ließ im frühen 20. Jahrhundert fünf Segeljachten bauen, um sich seinen Traum zu erfüllen – er wollte einmal in seinem Leben den legendären America's Cup gewinnen, die berühmteste Segelregatta der Welt. Bei diesen Rennen treten traditionell immer nur die Boote zweier Jachtclubs in mehreren Wettfahrten gegeneinander an, der Pokalinhaber und ein Herausforderer. Anfangs verteidigten die Amerikaner viele

Jahre den Cup in einer unvergleichlichen Siegesserie. Lipton ließ seine Boote bauen, um mit ihnen immer wieder die amerikanischen Pokalinhaber im Namen eines irischen Jachtclubs herauszufordern, sie hießen »Shamrock I« bis »Shamrock V«. Leider erfüllte sich sein Lebenstraum nicht; er unterlag den Amerikanern jedes Mal, was ihm sogar einen eigens geschaffenen Pokal als »bestem aller Verlierer« einbrachte. In einem Jahr war es denkbar knapp. Als die Amerikaner merkten, dass die Iren in der Wertung vorn lagen, änderten sie kurzerhand die Regeln, um Liptons Sieg zu verhindern. Danach gab Thomas Lipton sein Vorhaben auf.

In dem Stil dieser Boote war auch mein Boot gebaut – lang und schmal. Es hatte die gleiche Rumpfform, die gleiche Silhouette, war ein sogenannter Langkieler. Unter Seglern hieß es lange Zeit: »Länge läuft«, was so viel bedeutete wie: je länger ein Boot, desto schneller. Heute weiß man, dass das so nicht stimmt. Inzwischen gibt es viel modernere Jachten mit ganz anderen Voraussetzungen, flachen Böden und tief gehenden Schwertern, die unter Umständen noch viel schneller sind als die Langkieler, aber vor hundert Jahren war dies nun einmal das Nonplusultra.

Was mich selbst angeht, war es gar nicht mein Ansinnen, irgendwelche Regatten zu segeln. Meine Vorstellung war zunächst, mit der »Shamrock« einfach nur ein bisschen spazieren zu fahren. Die Dinge entwickeln sich aber oftmals anders, als man denkt, und so habe ich in meinem Leben doch die eine oder andere Regatta mit meinem Boot und meinem Freund Mike bestritten: ob Langstreckenregatten auf dem Starnberger See oder sogar mal ein

24-Stunden-Rennen auf dem Chiemsee. Das war ein riesiger Aufwand! Wir mussten das Boot mit einem Kran aus dem Wasser heben und an den Chiemsee transportieren. Dafür ließen wir extra einen alten Magirus-Lastwagen zum Bootstransporter umbauen und setzten dort das Boot drauf. Hinten ragte die »Shamrock« ein wenig über, und im Fahrerhaus hatten wir eine Kerbe ins Dach geschlagen, damit sie genug Platz hatte. Unser Traum war es eigentlich, das Boot damit einmal vom Starnberger See nach Kiel zu fahren, um dann nach Schweden zu segeln, woher die »Shamrock« stammt. Zu diesem Zweck hatten wir den Lastwagen im Grunde umbauen lassen. Leider wurde nichts aus unserem Traum, und es blieb tatsächlich bei diesem einen Ausflug mit dem Boot. Eine vollkommen sinnlose Investition!

Da ich ja keinen Segelschein besitze, das Segeln nie offiziell gelernt habe, hätte ich eigentlich niemals eine Regatta fahren dürfen – geschweige denn gewinnen! Man hätte uns den Sieg sofort aberkennen müssen, wenn das bekannt geworden wäre. Es hat aber glücklicherweise nie jemand danach gefragt ... Vielleicht waren wir einfach zu gut, als dass jemand auf die Idee gekommen wäre, dass ich gar keinen Schein habe. Allerdings konnte ich ausgerechnet beim größten Sieg der »Shamrock« nicht dabei sein, weil ich arbeiten musste. Mike und zwei befreundete Segler bestritten das Rennen um den vom Bayerischen Yacht-Club gestifteten Goldpokal, eine der begehrtesten Trophäen am Starnberger See. Diesen wunderschönen Pokal aus purem Gold darf man selbst als Gewinner nur kurz in die Hand nehmen und muss ihn dann sofort wieder zurückgeben.

Allerdings wird der Name des Siegerboots eingraviert. Dieses Rennen gewann Mike mit seiner Crew, weshalb die »Shamrock« nun für alle Zeiten auf dem Goldpokal verewigt ist. Natürlich bekümmert es mich, nicht dabei gewesen zu sein, aber der Sieg der anderen macht mich trotzdem ein bisschen stolz!

Seit jeher rief der America's Cup wahre Begeisterungsstürme bei mir hervor. Irgendwann im Leben wollte ich an dieser einmaligen Segelregatta unbedingt mal teilnehmen dürfen. Ohne Hella wäre es vermutlich bei einem Hirngespinst geblieben, denn ob ich jemals den Eifer entwickelt hätte, Möglichkeiten einer Teilnahme zu recherchieren, bezweifle ich doch sehr. Hella aber klemmte sich dahinter, weil sie sich in den Kopf gesetzt hatte, mich zu meinem 70. Geburtstag mit einem Platz in einem der teilnehmenden Boote zu überraschen. Seit einigen Jahren ist es nämlich üblich, in den einzelnen Rennen einen 18. Mann als Gast mit ins Boot zu nehmen. Dabei geht es nicht nur um die finalen Wettfahrten, bei denen Verteidiger und Herausforderer gegeneinander antreten, sondern vor allem um die Ausscheidungsrennen im Jahr zuvor, bei denen sich mehrere Boote miteinander messen und versuchen, sich als Herausforderer zu qualifizieren. Dieser reine Beobachterposten im Heck der Segeljachten wird an Sponsoren, Journalisten oder Prominente vergeben und ist natürlich heiß begehrt. Wird kein 18. Mann aufs Schiff eingeladen, ist die jeweilige Crew verpflichtet, im Rennen 150 Kilogramm zusätzliches Gewicht mitzuführen. Hier begann Hella intensiv nachzuforschen – und recherchieren kann sie! Am

Ende schaffte sie es tatsächlich, mich beim BMW Oracle Racing Team unterzubringen. Somit durfte ich im amerikanischen Boot an der Qualifikation zum 32. America's Cup teilnehmen, die 2007 vor Valencia stattfand und die in jenem Jahr letztmalig klassische Segelboote miteinander austrugen. Inzwischen sind es ja keine klassischen Segeljachten mehr, sondern regelrechte Hightechkatamarane, die diese Rennen bestreiten. Mich beeindruckte die ursprüngliche Variante nachvollziehbarerweise mehr. Fast gleichzeitig bekam ich zusätzlich noch eine Einladung vom neuseeländischen Team. Wie das genau zustande kam, blieb für uns im Verborgenen. Auf jeden Fall lud uns die Crew alle nach Valencia ein. Zwei Wochen vor dem eigentlichen Rennen gab es bereits anlässlich der Ankunft des Oracle-Teams im spanischen Hafen eine große Feier, zu der wir geladen waren, Hella, unsere Mädchen und ich. Dies wurde aber natürlich noch einmal übertroffen von dem Rennen gegen Schweden, an dem ich teilnehmen durfte und zu dem wir wiederum alle eingeflogen wurden. Es war für mich wirklich die Erfüllung eines Traumes, und ich schätze, dass ich in diesen Tagen ausschließlich mit Dauergrinsen anzutreffen war. Das war einfach nur super! Die übrigen Rennen, in denen ich nicht als 18. Mann fungierte, verfolgten wir dank der Neuseeländer hautnah in einem Schnellboot, das uns zur Verfügung gestellt wurde. Mit diesem Boot, auf dem nur wir vier waren – und das mit einem gut gefüllten Kühlschrank, mit Snacks und Kaltgetränken ausgestattet war –, fuhren wir von Boje zu Boje und beobachteten die Rennen. Der gesamte Cup war ein einmaliges Erlebnis für die ganze Familie. Insbesondere weil er in eine Phase fiel, in der wir privat unsere schwerste Zeit durchlebten und in der wir eigentlich mit anderen Dingen zu kämpfen hatten ...

Als die Kinder noch klein waren, konnte ich sie natürlich nur schwerlich mit auf die »Shamrock« nehmen; dafür war das Waschbord, also die Umrandung der Sitzbänke an Deck, viel zu niedrig. Dort hätten die Mädchen leicht hi-nüberkrabbeln können, was natürlich viel zu gefährlich war. Und überzeugen Sie mal kleine Kinder, bei sommerlichen Temperaturen von beinahe 30 Grad die ganze Zeit in Schwimmwesten auf einem Boot zu hocken ... Auf ihren ersten richtigen Segeltörn mussten Sarah und Laura also erst ein paar Jahre warten, aber ein bisschen »Kaffeesegeln« mit der ganzen Familie war zum Glück auch schon etwas früher möglich. Unsere Mädchen fanden die »Shamrock« natürlich toll. Das Boot war Abenteuer pur für die beiden. Und auch Hella liebte das Segeln. Gemeinsam waren wir oftmals bis in den Oktober hinein auf dem Starnberger See unterwegs. Mit ihr war ich immer gern auf dem Wasser. Während unserer gemeinsamen Ausflüge ließ ich meistens Hella an der Pinne sitzen und die Richtung bestimmen, was ihr großen Spaß bereitete!

Am allerschönsten aber waren unsere Segeltörns in der Karibik, von denen Hella und ich kurioserweise nur einen gemeinsam unternahmen ... Unser guter Freund Leo, den ich bereits während meiner Jahre in Berlin kennengelernt hatte, organisierte und stellte in mehreren Jahren insgesamt drei Reisen für einen Kreis von Freunden zusammen. Als die erste Reise 1992 in Planung ging, waren unsere Mädchen erst sechs und acht Jahre alt, sodass wir sie nicht drei Wochen allein in München lassen wollten, zumal sich diese Reise auch noch über den Nikolaustag erstreckte. Daher fuhr nur ich. Als ich zurückkam, begrüßte ich Hella mit den Worten: »Das war der schönste Urlaub meines Lebens!« Voll neuer Eindrücke und wunderschöner Erinnerungen sprudelte es nur so aus mir heraus, wie herrlich es gewesen war, sich um nichts kümmern zu müssen, an den schönsten Stellen in der Karibik baden zu können, an Land zu gehen, wo man wollte. Als ich in Hellas Augen sah, die immer größer und trauriger wurden, beeilte ich mich zu sagen, dass wir das natürlich auch noch mal zusammen machen würden. Und tatsächlich unternahmen wir vier Jahre später den nächsten von Leo geplanten Trip gemeinsam. Nun waren Sarah und Laura alt genug, die drei Wochen, die Hella und ich insgesamt im Urlaub sein würden, mit ihrer Tante daheim zu verbringen. Mit Freunden aus Deutschland, Amerika und der Schweiz charterten wir ein traumhaftes neuwertiges Schiff namens »Grand Bleu« – französischer Werftbau, mit über 20 Metern Länge und einer Masthöhe von 25 oder 30 Metern ein wirklich imposantes Schiff, das viel Wind vertrug. Natürlich war ich ganz wild darauf, hier auch mal am Steuerrad zu stehen ... Wir hatten einen englischen Skipper, der schon zwanzig Jahre in der Karibik lebte und sich vor Ort bestens auskannte. Er segelte mit uns von einer Insel zur nächsten – eine schöner als die andere. Ob St. Martin, die Insel, die gleich zwei Staaten angehört, nämlich Frankreich und den Niederlanden, und die für ihren Flughafen bekannt ist, weil die Flugzeuge dort bei ihrem Landeanflug nur wenige Meter über den Köpfen der zahlreichen Schaulustigen am Maho Beach niedergehen. Ob St. Barth, die als französisches Überseegebiet zur EU gehört und als reinstes Einkaufsparadies gilt. Oder ob Antigua, die Insel, die einst Christoph Kolumbus entdeckte und die für jeden Tag im Jahr einen anderen Strand bereithält, nämlich 365 an der Zahl. Hier hatte kurz vor unserer Ankunft ein Hurrikan gewütet. An einer Stelle hatte der Sturm ganze Strandabschnitte verwüstet, hatte regelrechte Schneisen in die Vegetation geschnitten. Dort standen dann Palmen mit hängenden Wedeln wie Trauerweiden, weil sie das Salzwasser aus dem Meer, das sich über sie ergossen hatte, nicht vertrugen. Und an anderer Stelle sah alles weiterhin so aus, als ob nichts geschehen wäre. Unser Urlaub war auf alle Fälle traumhaft. Und endlich erlebte auch Hella den schönsten Urlaub ihres Lebens …

Für unser leibliches Wohl an Bord sorgten die Frau des Skippers und ein Steward. Abends wurden wir gefragt, was wir am nächsten Tag essen wollten. Danach wurde frisch eingekauft, und am kommenden Morgen gab es schon zum Start in den Tag das perfekte Frühstück. Wenn die Nächte zu heiß waren, konnten wir oben an Deck schlafen. Nach dem Aufwachen hüpften wir anstatt unter die Dusche einfach von Bord und schwammen eine Runde in der jeweiligen Bucht, in der wir gerade vor Anker lagen. Dass es die schönsten Buchten der Karibik waren, dafür sorgte schon unser Käpt'n. Ich muss sagen, es blieben wirklich keine Wünsche offen. Nach zehn Tagen endete unser Segeltörn, was wir sehr bedauerten. Wenn es nach uns gegangen wäre, hätten wir noch eine Woche dranhängen können, aber der Skipper meinte, nach zehn Tagen gäbe es in den meisten

Fällen Krach an Bord. Da kämen dann bestimmte Leute mit Extrawünschen, wohin sie noch segeln wollten und so weiter, worüber oftmals Streit entbrennen würde. Wir waren nun eine recht unkomplizierte und pflegeleichte Gruppe, hatten gar keine Ambitionen mitzubestimmen, wohin die Fahrt gehen sollte, sondern wollten uns einfach nur treiben lassen, aber das konnte der Skipper ja vorher nicht wissen. Also endete der Segeltörn in unseren Augen viel zu früh. Glücklicherweise hatten wir im Anschluss noch einmal zehn Tage in einem Hotel gebucht, sodass wir zumindest das Karibikflair noch weiter genießen konnten. Und ehrlich gesagt ist es ebenso schön, irgendwo auf Barbados oder Antigua einfach nur am Strand zu liegen ... Den dritten Karibikbesuch unternahm Hella der ausgleichenden Gerechtigkeit halber ohne mich! Weil ich zum Zeitpunkt der geplanten Reise drehen musste, sprang einfach unsere in Portugal lebende Freundin Olivia für mich ein.

In meiner Karriere habe ich nicht gerade wenige Kapitäne, Kommandanten und Schiffsoffiziere gespielt. Für mich zeigt sich hieran eindeutig das Gesetz der Anziehung. Wenn ich mich intensiv mit einem Thema beschäftige und dabei stets positiv bin, dann kommen die Dinge automatisch auf mich zu! Quasi zeitgleich zum Kauf der »Shamrock« spielte ich in dem Film *Der Kapitän* den Zweiten Schiffsoffizier unter Heinz Rühmann. Im Grunde genommen war dies ein früher Vorläufer der bis heute extrem erfolgreichen Fernsehreihe *Das Traumschiff*. Viele bekannte Persönlichkeiten waren im wahrsten Sinne des Wortes »mit an Bord« wie Günter Pfitzmann, Hans Korte, Ernst Stankovski und

Horst Tappert. Der Regisseur war Kurt Hoffmann, der seinen Star, nämlich Heinz Rühmann, hofierte, wo es nur ging. Dabei war Rühmann während der Dreharbeiten nicht gerade sehr freundlich. Er war sogar ein ziemlicher Kotzbrocken! Rühmann sprach niemanden am Set direkt an, sondern kommunizierte immer nur über den Regisseur. Während er mit dem Finger auf mich oder irgendjemand anderen deutete, meinte er zum Beispiel: »Du, Kurtchen, kannst du ihm mal sagen, er soll ein bisschen weiter nach rechts gehen?« Einmal als ich abseits des Sets stand und eine Pfeife rauchte – ich bin nämlich seit jeher ein Genuss-Pfeifenraucher und besitze eine ganze Sammlung dieser Rauchinstrumente –, forderte er »Kurtchen« auf, mir zu sagen, ich solle doch bitte die Pfeife weglegen. »Natürlich, Heinzchen!« So ging das hin und her, was nicht gerade die feine Art war.

Zwanzig Jahre später traf ich Heinz Rühmann bei einer privaten Einladung wieder. Als ich zur Tür hereinkam, sah ich ihn schon von Weitem mit seiner Frau auf dem Sofa sitzen. Auch er erblickte mich sofort und rief durch den gesamten Raum: »Herr Janson, kommen Sie doch mal her.« Ich wunderte mich, dass er mich direkt wiedererkannt hatte, und verspürte ein leicht mulmiges Gefühl. Trotzdem marschierte ich natürlich zu ihm hin und begrüßte ihn freundlich: »Das ist aber nett, dass ich Sie hier treffe.« Er sprach mit mir wie mit einem alten Freund, sodass ich dachte: »Das kann doch nicht der Heinz Rühmann von damals sein ...« Er war wie ausgewechselt – aufgeschlossen, freundlich, zugewandt. Das war vermutlich die Altersweisheit, denke ich. Jedenfalls war er sehr, sehr nett, und wir haben uns den Abend lange unterhalten. Nach diesem Treffen hatte sich meine Meinung über Heinz Rühmann geändert.

Zugegeben, es dauerte noch ein paar Jahrzehnte, aber als mir zu Beginn des neuen Jahrtausends selbst die Kapitänsrolle in der Fernsehreihe *Unter weißen Segeln* angeboten wurde, war ich im Olymp angekommen. Nicht auf irgendeinem Schiff sollte ich der Kapitän sein, sondern auf einem Großsegler – ich war im siebten Himmel! Ohne auch nur eine Sekunde zu überlegen, sagte ich zu. Dabei war mir völlig egal, wie meine Rolle angelegt war; ich wollte einfach nur auf dieses Schiff. Schauspielerisch war das Ganze keine große Herausforderung; meines Erachtens musste ich als Kapitän eigentlich nur gut aussehen … Was allerdings gutes Aussehen genau bedeutete, daran schieden sich mal wieder die Geister. Wieder einmal erwarteten die verantwortlichen Redakteure, dass ich sowohl akkurat rasiert als auch gut frisiert meine Rolle antrete: »Der Bart muss ab, und die Haare sind zu lang!« Einmal mehr zeigte sich die Spießigkeit der deutschen Fernsehanstalten. Als ob es keine alten Kapitäne mit Bart geben würde. Dabei ist mir das Bild des Mannes, der zur gleichen Zeit Kapitän der »Queen Mary 2« war, Commodore Ronald W. Warwick, noch sehr präsent: weißes Haar und weißer Bart! Aber ich wäre nicht ich, wenn ich mich nicht erneut unbeliebt gemacht und hart für meine Bartstoppeln und die etwas längeren Haare gekämpft hätte. Es fehlte nicht viel bis zu meiner Umbesetzung, wirklich wahr. Am Ende setzte ich mich aber zum Glück durch.

Die Dreharbeiten waren wie erwartet ein Traum. Wir fuhren mit den wunderschönen Schiffen der Reederei Star Clipper, mal mit dem Viermaster »Star Flyer«, mal mit dem Fünfmaster »Royal Clipper«, dem weltweit größten Segelschiff, das noch heute auf den Weltmeeren unterwegs ist. Bei guten Windverhältnissen waren die Schiffe unter Segeln schneller als mit ihren Motoren, sodass der Kapitän, wann immer der Wind es zuließ, die umweltverträglichere Variante wählte. Die Diesel wurden nur angeworfen, wenn bestimmte Zeitpläne unter den herrschenden Windverhältnissen nicht einzuhalten waren. Unsere Reisen führten uns ins Mittelmeer, in die Karibik und in den Fernen Osten; insgesamt drehte ich vier Folgen. Hella konnte mich leider nur auf der Reise nach Thailand und Kambodscha begleiten. Besonders in Erinnerung blieb uns der Besuch auf Khao Phing Kan, der Insel im Süden Thailands, die als James-Bond-Insel bekannt wurde, weil Roger Moore hier 1974 als Geheimagent Ihrer Majestät operierte.

Während wir auf dem Großsegler arbeiteten, machten die anderen Passagiere Urlaub. Selbstverständlich waren sie vor Antritt der Reise informiert worden, dass eine Filmcrew an Bord sein würde: »Wir möchten Ihnen mitteilen, dass es aufgrund von Dreharbeiten zu eventuellen Einschränkungen an Bord kommen kann.« Den Reisenden war das im Zweifel egal, sie freuten sich über die bekannten Gesichter und die Action an Bord. Mich wiederum freute der direkte Publikumskontakt. Als Kapitän war ich ja auch eine Respektsperson!

Zu Drehbeginn der einzelnen Folgen wurde immer das gesamte Team vorgestellt, wofür wir uns alle an Deck versammelten. Es kam vor, dass auch der echte Kapitän erschien. Jedes Mal durfte ich ein paar Worte zur Begrüßung sagen, und einmal meinte ich: »Ich möchte Sie darauf hinweisen, dass es auf diesem Schiff noch jemanden gibt, der diese Streifen auf seiner Jacke trägt. Vorsicht, das ist ein Hochstapler!« Damit sorgte ich natürlich für viel Heiterkeit, und der echte Kapitän nahm es gelassen …

Leider stellte sich bei der Abnahme der Filme heraus, dass der Sender »mehr Traumschiff als Abenteuer« haben wollte. So eine schlichte Kopie funktioniert aber erfahrungsgemäß nie. *Unter weißen Segeln* hatte zwar mit rund fünf Millionen Zuschauern gute Einschaltquoten, aber die Herstellung war ziemlich kostspielig, sodass die Reihe nach nur zwei Jahren eingestellt wurde, was ich verständlicherweise sehr bedauerte. Bis heute bin ich davon überzeugt, dass ich der beste aller Kapitäne war! Wäre es nach mir gegangen, stände ich noch immer auf der Kommandobrücke.

Wenn es um Wind und Wasser ging, war ich stets schnell zu begeistern. So auch, als ich von der Benefizaktion »Segeltaxi« erfuhr. Der Initiator dieser Geschichte schrieb mich eines Tages an und bat mich, Pate zu werden. Vermutlich hatte er irgendwo gelesen, dass ich begeisterter Segler war, und kam deshalb gezielt auf mich zu. Die Idee des Segeltaxis ging auf seinen Sohn zurück, der schon im Kindergartenalter an Leukämie erkrankte, sich trotz Chemotherapien und Transplantationen seinen Traum vom Segeln erfüllte und – bevor er im Alter von neun Jahren verstarb – seine eigene Geschäftsidee auf den Weg brachte. Die Aktion Segeltaxi bietet Tagesgästen am Bucher Stausee an, per Segelboot von einer Seite des Sees zur anderen gefahren zu werden – wie mit einem Taxi. Das Entgelt für die Überfahrt wird gespendet, kommt beispielsweise schwer kranken Kindern und ihren Familien zugute. Diesen Familien aus der Region ermöglichen die Spendengelder unter anderem, endlich einmal Urlaub machen und sich ein wenig erholen zu können. Das Segeltaxi ist eine tolle lokale Idee, der ich gern als Pate diene.

Inzwischen ist mein Besitzrecht an der »Shamrock« auf Mike übergegangen. Er ist der Jüngere von uns beiden und derjenige, der sich hauptsächlich um das Boot kümmert. Zuletzt war noch einmal eine größere Investition notwendig, die er allein getätigt hat: Der Kielbalken, an dem über eine Tonne Blei im Schiffskiel hängt, war komplett morsch. Das Blei verhindert, dass das Boot im Wind umkippt. Schärenkreuzer vertragen viel Wind, legen sich dafür aber schnell auf die Backe, also auf die Seite, eben weil sie so schmal sind. Das Bleigewicht im Kiel verhindert, dass das Boot kentert. Je größer das Gegengewicht zu dem Druck im Segel, desto besser. Heutzutage haben viele Boote nur noch Eisen als Beschwerung im Kiel, was zwar günstiger, aber auch leichter ist, weshalb viel mehr Metall im Kiel Platz finden muss. Bei der »Shamrock« handelt es sich tatsächlich noch um Blei. Diese Reparatur bewegte sich in einem finanziell relativ hohen Rahmen, und Mike stemmte sie allein. Damit ist er nun der Eigner der »Shamrock«, und ich bin nur noch Nutzer auf Lebenszeit, der »Ehrenkapitän«. Mir ist das sehr recht. Ich weiß das Boot in guten

Händen und kann immer noch darauf segeln, wenn mir danach ist! In den letzten Sommern hatte ich leider kaum Gelegenheit dazu, weil ich 2015 mit Molières *Der eingebildete Kranke* auf der Kreuzgang-Bühne in Feuchtwangen stand und die drei Folgejahre auf der Festspielbühne in Bad Hersfeld engagiert war. Inzwischen war ich zu meinem Glück aber schon wieder mit Mike auf dem Wasser ...

Harte Zeiten

2011

Noch nie lebte ich einfach nur von der Hand in den Mund. Ohne Frage führte ich ein schönes Leben, hatte ein ansprechendes Zuhause, ein eigenes Auto und natürlich mein Boot, trotzdem ging ich mit meinem Geld schon immer verantwortungsvoll um, sicherte mich und mein Leben durch Versicherungen ab. Nur meine Altersvorsorge war lange Zeit – wie für viele meiner Generation – kein großes Thema für mich. Als sie es wurde, scheiterten all meine Bemühungen leider kläglich. Erstmals in den 1970er-Jahren schwatzte mir mein damaliger Steuerberater zu Zwecken der Steuerersparnis ein gängiges Bauherrenmodell auf. Weil er mir dieses Investment in rosaroten Farben ausmalte und sich alles plausibel und risikolos anhörte, beteiligte ich mich finanziell am Bau verschiedener Wohnhäuser. Doch leider ging die ausführende Baufirma pleite, die Häuser blieben bloße Ruinen, und die Bauherrengemeinschaft, die vorwiegend aus Geschäftsleuten, Ärzten und Rechtsanwälten bestand und zu der eben auch ich gehörte, wurde zur Kasse gebeten. Nach mehreren Schlichtungsversuchen gab es eine Einigung, in deren Folge ich viele Jahre einen gewissen monatlichen Betrag berappen musste, um meine entstandenen Kreditschulden abzubezahlen. Zum Glück gelang mir die Schuldentilgung ohne Probleme.

Meine Intention war ja grundsätzlich keine schlechte: Mit Blick auf meine spätere, vermutlich spärliche Rente wollte ich versuchen, für mein Alter finanziell vorzusorgen. Als Schauspieler erhält man in den seltensten Fällen so regelmäßige Bezüge, dass man sich im Alter auf eine ausreichende Rente freuen könnte. So habe auch ich mein Leben lang freiberuflich gearbeitet. Nie war ich in einem festen Theaterengagement, sondern hatte immer Stückverträge, und beim Fernsehen war man früher sowieso hauptsächlich freiberuflich tätig. Dadurch entstanden immer wieder Lücken in meiner Erwerbstätigkeit. Trotzdem verdiente ich als Schauspieler gut, ich hatte also keine finanziellen Sorgen und erfüllte mir so manchen Wunsch. Kurz: Ich konnte mich nicht beklagen. Deshalb hatte ich auch Skrupel, mich in den Zeiten, in denen ich nirgendwo verpflichtet war, beim Arbeitsamt zu melden und Arbeitslosengeld zu kassieren. Diese Fehlzeiten führen aber heute dazu, dass ich nur eine kleine Rentenzahlung erhalte – bei den aktuellen Lebenshaltungskosten ein Tropfen auf den heißen Stein! Bis heute kann ich nicht nachvollziehen, warum ich im Alter eine geringere Rente bekomme, nur weil ich damals auf staatliche Unterstützung verzichtet habe. Für mich zeigt sich daran eine gewisse Absurdität unseres Rentensystems. Dies war jedenfalls der Grund, weshalb mir meine Steuerberater stets dazu rieten, für mein Alter vorzusorgen. Niemals wollte ich mich an anderen bereichern oder gar andere Menschen übers Ohr hauen; ich wollte lediglich mein verdientes Geld sinnvoll investieren. Dabei legte ich allerdings leider eine gehörige Portion Naivität an den Tag! Wirklich wahr, in dieser Hinsicht bin ich einfach nicht geschäftstüchtig. Blauäugig dachte ich, wer sich selbst nicht auskennt, muss sich auf die Expertise von Fachleuten verlassen. Doch diese sogenannten Fachleute hatten entweder selbst zu wenig Ahnung oder waren nur auf ihren eigenen Vorteil bedacht. Ich wünschte, diese Lektion hätte ich zu dem damaligen Zeitpunkt schon gelernt. Leider kam es aber noch dicker. Weil ich mich für diese monetären Dinge allzu wenig interessierte, folgte ich weiterhin den finanziellen Ratschlägen anderer – wenn auch oftmals nur halbherzig. Und das war sicher schon der allererste Fehler.

Interessanterweise brachte letztendlich genau die Investition, von der mir alle möglichen Berater abgeraten hatten, als einzige unter dem Strich einen kleinen Gewinn ein. Es handelte sich um eine Schiffsbeteiligung; ich erwarb damals einen kleinen Anteil an einem Containerschiff. Jedes Jahr gab es eine kleine finanzielle Ausschüttung, und nach Ablauf der Beteiligung – ich glaube, das Containerschiff wurde nach fünf Jahren verkauft – bekam ich tatsächlich mein eingesetztes Geld zurück. Wovor mich alle gewarnt hatten, ging erstaunlich positiv über die Bühne, was mich wiederum ermutigte, eine neue Investition zu wagen.

Mein neuer Steuerberater – den alten hatte ich nach der ersten Pleite gefeuert – erzählte mir Anfang der 1970er-Jahre, in Berlin würde das Aschinger-Haus neu gebaut werden. Aschinger war eine berühmte Traditionsgaststätte, die einen guten Namen hatte. Man konnte annehmen, dass eine Beteiligung an diesem Neubau überhaupt nicht schiefgehen könnte. Es ging dennoch schief … Das Haus wurde dieses Mal zwar fertig gebaut, allerdings kam die Baufirma auch hier in eine finanzielle Schieflage, weshalb wir Kommanditisten Gelder nachschießen mussten. Das wiederum führte dazu, dass es ein Verlustgeschäft für mich wurde. Nach dieser erneut negativen Erfahrung schwor ich mir, die Idee, mein Geld irgendwie zu vermehren, einfach zu begraben.

Hätte ich mich mal an meinen eigenen Schwur gehalten! Denn mein größter Investmentfehler kam erst noch …

Das Unheil bahnte sich langsam in Person eines bekannten, auf Mietrecht spezialisierten Münchner Rechtsanwalts an, der sich bei uns ganz subtil anwanzte. Er tat extrem freundschaftlich, schlich sich regelrecht bei uns ein und fuhr mit uns sogar in den Türkeiurlaub. Irgendwann fing auch er mit der altbekannten Leier an, dass ich doch nicht viel Rente zu erwarten hätte und dementsprechend vorsorgen sollte. Er riet Hella und mir zu einer größeren Investition in Ostdeutschland. Konkret ging es um zwei Häuser, die verkauft werden sollten. Seine Argumentation lautete, selbst wenn wir die Häuser nach zehn Jahren ohne Gewinn wieder verkaufen würden, hätten wir zumindest noch den Vorteil, die Investition steuerlich geltend machen zu können. Wir hatten damals überhaupt nicht das Gefühl, dass er uns etwas aufschwatzen wollte, weil wir ihm absolut vertrauten. Nie im Leben hätten wir damit gerechnet, dass ein Anwalt, der für Recht und Rechtschaffenheit steht, seine Freunde betrügt; davon wären wir nie ausgegangen. Das mag mit den Werten zusammenhängen, die uns unsere

Eltern mit auf den Weg gegeben hatten und die wir auch bei anderen Menschen erwarteten. Wir waren einfach zu gutgläubig und zu naiv. Wir sahen uns die Gebäude im Vorfeld nicht einmal an, fuhren nicht nach Reichenbach im Vogtland oder nach Bernburg, um die zum Verkauf stehenden Häuser zu begutachten. Unsere einzige Bedingung für den Kauf war, dass die Kredite durch die zukünftigen Mieteinnahmen voll finanziert sein müssten. Auf gar keinen Fall wollten und konnten wir weiteres Geld dort hineinbuttern. »Das braucht ihr auch nicht, das trägt sich alles von allein«, versicherte dieser Anwalt. Er beteuerte, alles sei in Ordnung und ohne jegliches Risiko. Ungeachtet meines eigenen Schwurs ließen Hella und ich uns also von ihm überreden, ließen uns von der Wiedervereinigung und den angekündigten goldenen Jahren und blühenden Landschaften mitreißen und kauften in den Jahren 1995 und 1996 zwei Häuser in Ostdeutschland.

Das gesamte Projekt lief zunächst langsam an; die Häuser mussten erst einmal saniert werden. Einmal ging es um ein großes Gebäude, das in mehrere kleine Wohneinheiten aufgeteilt werden sollte, außerdem um ein Einfamilienhaus. Das kleine Haus war relativ schnell renoviert und wurde vermietet, aber das große zog sich hin. Für die Instandsetzung der Häuser nahmen wir gesonderte Kredite auf, die wir auch immer bedienten. Aber eigentlich hatten wir ja geplant, diese Zahlungen bald durch die Mieteinnahmen decken zu können. Nur wurde das große Haus nicht fertig. Irgendwann nahm Hella die Sache in die Hand und fuhr mit meinem Freund Mike, der ja Architekt ist, in den Osten, um sich das einmal vor Ort anzusehen. Sowohl Hella als auch Mike waren schockiert: Das Haus war die reinste Bruchbude, das Grundstück ein absolutes Trümmerfeld. Mike meinte hinterher, so etwas hätte er noch nie gesehen. Durch unsere Nachforschungen kamen plötzlich Dinge ans Licht, von denen wir nie zuvor gehört hatten. Zum Beispiel, dass beide von uns gekauften Häuser unter Denkmalschutz standen und kaum verändert werden durften. Sie konnten also nur originalgetreu restauriert werden. Oder dass das eine Haus auf kontaminiertem Boden stand. Schnell war klar, dass wir an die falschen Leute geraten waren. Das war keine Investition, die nur in die Hose ging, sondern man hatte es ganz bewusst darauf angelegt, uns das Geld aus der Tasche zu ziehen. Eine Zeit lang fragten wir uns, warum die ausgerechnet uns ausgewählt hatten. Wir besaßen zwar ein bisschen Geld, aber doch keine Reichtümer! Wir dachten, an uns ließe sich doch eigentlich gar nichts verdienen. Sollten diese Leute allerdings zwanzig Menschen wie uns derart eingewickelt haben, dann würde sich die Sache plötzlich lohnen und der Gewinn wäre doch ganz beachtlich.

1998 nahm das Drama dann seinen Lauf. Bis dahin hatten die Bank und der Anwalt alles ohne unser Zutun geregelt. Nun aber kam das Geldinstitut plötzlich auf uns zu und wollte Geld. Verständlicherweise waren wir erstaunt und verunsichert. Geld? Wofür? Wir hatten doch von Anfang an klargestellt, dass sich das Projekt von allein tragen müsse … Diese erste Welle federte noch der Anwalt für uns ab. Er sprach mit der Bank und regelte das für uns, erklärte sich bereit, zunächst einmal die laufenden Kosten zu übernehmen, aber das half uns nicht wirklich weiter, weil wir mittlerweile schon tief in der Misere steckten. Der Bau ging nicht voran, das Haus wurde und wurde nicht fertig, und somit gab es weder Mieter noch Mieteinnahmen, die die Kreditschulden hätten abtragen können. Vollkommen unüblich war, dass die Baufirmen nicht in einzelnen Tranchen bezahlt wurden, je nach fertiggestellten Bauabschnitten, sondern direkt am Anfang die gesamte vereinbarte Summe ausbezahlt bekamen. Somit gab es auch keinerlei Druckmittel gegenüber diesen Firmen, um die Arbeiten irgendwie zu beschleunigen oder weiter voranzutreiben. Es war eine verfahrene Situation. Irgendwann wurden wir Monat für Monat zur Kasse gebeten. Unser Steuerberater riet uns zu einem Bankenwechsel, und die neue Bank schwatzte uns dann insgesamt dreizehn Konten zur finanziellen Abwicklung jeder einzelnen Wohneinheit auf. Allein die Kontoführung kostete schon eine stattliche Summe, aber der Steuerberater meinte nur: »Das rechnet sich.« Die gesamte Aktion war für uns komplett unübersichtlich. Bis heute habe ich nicht verstanden, was mit dieser Kontenaufspaltung bezweckt wurde. Hella und ich verloren total den Überblick über das, was dort eigentlich geschah.

In einem Jahr bekamen wir überraschend eine Zahlungsaufforderung über mehrere Zehntausend Euro Verwaltungskosten. Wir standen finanziell sowieso schon mit dem Rücken zur Wand und hatten im Grunde keine andere Wahl, also ließen wir es in diesem Fall auf einen Gerichtsprozess ankommen. Wir nahmen uns einen eigenen Rechtsanwalt, den wir durch einen glücklichen Zufall kennengelernt hatten und der nicht nur gut war in seinem

Beruf, sondern auch noch so nett, uns über Jahre hinweg sein Honorar zu stunden. Mit ihm haben wir wirklich großes Glück gehabt! Er ging für uns mit der Frage vor Gericht: Wenn es nichts zu vermieten gibt, wie kann es dann etwas zu verwalten geben? Dieser Prozess ging dann auch zu unseren Gunsten aus. Hella saß damals von morgens bis abends im Untergeschoss unseres Hauses im Büro an einem alten Computer und erfuhr durch ihre Recherchen noch viele erschreckende Details über dieses ganze Investment.

Im Jahr 2008 spitzte sich unsere finanzielle Situation weiter dramatisch zu. Unsere Konten waren nicht mehr ausreichend gedeckt, die Bank drehte uns den Geldhahn zu. All unsere Rücklagen waren aufgebraucht, dabei hatten wir eigentlich geplant, unser eigenes Haus von diesem Geld nach unseren Vorstellungen umzubauen. Unsere kompletten Lebensversicherungen einschließlich Hellas Versicherungen beim Presseversorgungswerk und eine, in die sogar schon ihr Vater einbezahlt hatte, gingen an die Bank. Alles. Die Mädchen konnten von einem auf den anderen Tag ihren kostenintensiven Hobbys nicht mehr nachgehen: Sie mussten den Tennissport aufgeben, das Klavierspiel, Laura hatte zusätzlich Bratschenunterricht. Das alles wurde von heute auf morgen eliminiert, was schlimm für die ganze Familie war. Zu diesem Zeitpunkt erschienen auch die ersten Presseberichte, die nahezu hämisch über unsere angebliche »Gier« berichteten, darüber, dass wir nur immer noch mehr Geld anhäufen wollten. In einigen Einspielern berichteten Fernsehsender über uns und zeigten Kamerafahrten über die größten und schönsten Villen Grünwalds, obwohl wir selbst nie in einer Villa gewohnt haben. Das war pure Meinungsmache. Das hat mich schon sehr getroffen. Von da an wurde es dann auch richtig unangenehm. Irgendwann beantragte die Bank die Zwangsversteigerung unseres Hauses in Grünwald. Unsere Gläubiger, zu denen inzwischen auch das Finanzamt gehörte, schlossen sich dem Antrag an. Insofern standen wir kurz vor der Jahreswende vor dem finanziellen Aus. Ein guter Bekannter aus Grünwald, der explizit nicht genannt werden möchte, hörte von unseren Problemen, kontaktierte uns und bot seine Hilfe an. Er versuchte, in diversen Gesprächen mit unseren Gläubigern einen Ausweg für uns aus der misslichen Lage zu finden – und er übernahm erst einmal unsere gesamten Verbindlichkeiten! Wir waren damals vollends überrascht und überwältigt von seinem Hilfsangebot und sind diesem Mann bis heute zutiefst dankbar. Natürlich wollte unser Retter sein Geld nicht ewig in unserem Haus parken, weshalb er uns eine Frist setzte, bis zu der er sein Geld zurückhaben wollte. Auch wenn es nicht einfach war, eine Bank zu finden, die sich von unseren Einträgen bei der Schufa nicht abhalten ließ und uns einen weiteren Kredit gewährte, gelang es uns nach einiger Zeit. Der einzige kleine Wermutstropfen war eine gewisse Restbelastung, die wir auf unserem Haus lassen mussten. Am Ende dieser freundschaftlichen Intervention hatten wir nur noch zwei Gläubiger – nämlich das Finanzamt und den Rechtsanwalt, wobei unsere Rückstände beim Finanzamt erheblich waren. War die drohende Zwangsversteigerung unseres Hauses zunächst einmal abgewendet worden, stand schon bald die nächste an. Das Amt zeigte sich unerbittlich und trieb nun seinerseits die Versteigerung voran. Zum zweiten Mal innerhalb kürzester Zeit standen wir vor dem drohenden Verlust unseres Zuhauses. Wäre es dazu gekommen, hätten wir wirklich nichts, aber auch gar nichts mehr gehabt. Wieder sprang ein privater Freund für uns ein, wendete das Unheil erneut ab und wurde unser alleiniger Gläubiger. Über die Jahre haben wir von vielen Freunden und Bekannten Unterstützung erfahren, indem uns günstige private Kredite gewährt wurden. Diese Hilfe sorgte dafür, dass wir unser Grundvertrauen in Menschen nicht verloren haben. Und wir sind uns durchaus bewusst, dass der Umstand, gleich zweimal finanziell gerettet worden zu sein, nahezu an ein Wunder grenzt!

Im Jahr 2011 rief unser Anwalt, also der Mann, ohne den wir niemals so gut aus der Sache herausgekommen wären, Dr. Arnim Rosenbach, eine Spendenaktion für uns ins Leben. Er richtete ein Treuhandkonto ein und rief zu Ein-Euro-Spenden auf. Seine Idee: Jeder Fernsehzuschauer und Theaterbesucher, der für mich eine gewisse Sympathie hegte, solle als Spende einen Euro auf dieses Konto überweisen. Hella und ich waren nicht begeistert von dieser Idee, fanden den Gedanken irritierend und zweifelhaft, meine Fans zur Kasse zu bitten, aber er überzeugte uns mit den Worten: »Liebe Familie Janson, wenn ein Kind auf die Welt kommt, ist es von Anfang an auf die Hilfe anderer angewiesen. Wenn es diese Hilfe nicht hätte, würde es zugrunde gehen. Und nun sind Sie eben an diesem Punkt angelangt.« Es gibt Gespräche, die man einfach nie vergisst. Er sagte auch noch, dass dies ja nicht unsere Idee sei, sondern seine und er doch versuchen könne, auf diese Weise zu helfen. Erstaunlicherweise kam durch den Spendenaufruf tatsächlich eine stattliche Summe von mehr als 40 000 Euro zusammen. Das Geld kam auf ein Konto, das der Anwalt für uns verwaltete. Wir selbst hatten damit nichts zu tun. Natürlich wurde auch das Finanzamt auf die Spendenaktion aufmerksam und wollte das Geld direkt pfänden, aber unser Anwalt hatte das so arrangiert, dass es keinen Zugriff darauf bekam. Das war alles komplett rechtskonform. In der Presse wurde die Aktion schnell so dargestellt, dass wir sie initiiert hätten. Trotz meiner Beteuerungen, dass wir nichts damit zu tun hatten, tauchten plötzlich Fragen auf, wie wir denn dazu kämen, unsere persönlichen finanziellen Engpässe von der Allgemeinheit bezahlen lassen zu wollen. Das war uns alles schon sehr unangenehm und ist es irgendwie bis heute – auch wenn die Mehrheit meines Publikums dann doch Verständnis zeigte.

Als unsere Geschichte in der Zeitung stand und damit öffentlich wurde, bekam ich sofort einen Anruf von einem Verlag, der mit mir ein Buch über die ganze Geschichte machen wollte. Der Mann am Telefon fragte mich, ob ich nicht aufgebracht und erbost wäre, so hintergangen worden zu sein. Sicher war ich sauer, aber mein Glaube an ausgleichende Gerechtigkeit war schon immer groß. Ich war mir sicher, dass ich selbst gar nicht tätig werden brauchte. Und mit diesem Rechtsanwalt wollte ich überhaupt nichts mehr zu tun haben, weshalb ich auch keine große Lust verspürte, ein Buch zu schreiben. Plötzlich meldeten sich ganz viele Menschen bei uns, die ebenfalls mit diesem Rechtsanwalt zu tun gehabt hatten und allesamt betrogen worden waren. Unter anderem meldete sich ein Mann aus Norddeutschland, der berichtete, seine Freundin wäre Sekretärin bei diesem Anwalt gewesen und hätte von einem Meeting in Österreich Kenntnis, bei dem der Anwalt mit verschiedenen anderen Geschäftsmännern Strategien besprochen hätte, wie man Menschen dazu bringen könnte, ihr Geld zu investieren. Man sollte sich übers Wochenende einen Porsche und ein leer stehendes Büro anmieten und die Leute dann dorthin bestellen – der reine Fake. Es hörte sich wohl so an, als würden die insgeheim schon ihre Millionen zählen ... Irgendwann kam Hella und mir zu Ohren, dass der Anwalt zu einer Gefängnisstrafe verurteilt worden war. Das zumindest verschaffte uns ein klein wenig Genugtuung – wenn es denn wahr sein sollte!

Insgesamt waren das viele schwere Jahre, die an unsere Existenz und an unsere Substanz gingen. Es war furchtbar, dass Hella und ich beide jeweils einen Offenbarungseid leisten mussten, durch den sich unsere Gläubiger einen Überblick darüber verschafften, was es bei uns zu holen gab, und mit dem uns jegliche Rechte an unserem Eigentum genommen wurden. Die Gerichtsvollzieherin, die uns in beiden Fällen betreute, mochte uns sehr. Beim zweiten Mal meinte sie fast entschuldigend: »Es tut mir schrecklich leid, aber ich muss leider wieder ...« Als Hella das erste Mal zu einem Termin bei ihr einbestellt wurde, bei dem auch ein Vertreter der Bank anwesend war, die den Offenbarungseid erzwungen hatte, blickte dieser Banker auf den Ring, den Hella am Finger trug, und sagte vieldeutig: »Sie tragen aber schönen Schmuck!« Dabei sah der Ring nicht einmal außergewöhnlich teuer aus. Doch dieser Typ war nur darauf erpicht, jeden erdenklichen Cent bei uns rauszuholen. Netterweise wiegelte die Gerichtsvollzieherin ab und nahm den Ring nicht auf die Liste der pfändbaren Dinge. Am Ende dieses Termins bat Hella den Bankangestellten noch, uns Bescheid zu geben, bevor sie unsere Lebensversicherungen kündigen würden, denn unter Umständen hätten wir die Policen eigenständig verkaufen können, sodass wir einen höheren Erlös hätten erzielen können. »Natürlich, das machen wir. Versprochen!« Drei Tage später kam von all unseren Versicherungen die Nachricht, dass die Verträge gekündigt waren … Sogar die Ausbildungsversicherungen unserer Kinder wurden vom Finanzamt gepfändet!

Parallel zu diesem finanziellen Desaster erlebte ich einen spürbaren Knick in meinem Berufsleben, bekam deutlich weniger Anfragen fürs Fernsehen. Ich fühlte mich regelrecht fallen gelassen. Wenn ich nicht das Theater als weiteres Standbein gehabt hätte, wären wir unweigerlich mit wehenden Fahnen untergegangen. Es war wirklich eine harte Zeit, vermutlich die härteste unseres Lebens, aber gemessen an den vielen schönen Jahren, die wir hatten und heute wieder haben, war es eben auch nur eine Phase. Wie viel Geld wir insgesamt verloren haben, rechnete ich nie aus. Das ist aber auch nicht entscheidend. Wichtig ist, dass wir heute schuldenfrei sind und keine ausstehenden Verpflichtungen mehr haben. Alle Gläubiger wurden bedient. Und noch viel wichtiger, dass wir als Familie zusammenhielten. Wie wir diese schwierige Zeit meisterten, macht mich auch ein bisschen stolz. Wir stritten nicht, sondern wuchsen zusammen. Selbst in dieser Ausnahmesituation versuchten wir, das Beste daraus zu machen. Nicht wenige Male munterte ich Hella mit den Worten auf: »Sei froh, wir haben uns, wir lieben uns, wir schaffen das!« Denn nur da-rauf kommt es an. Und wenn wir heute auch nicht in Saus und Braus leben können und ich immer noch nicht ohne Weiteres aufhören könnte zu arbeiten, so haben wir diese Zeit dennoch gesund überstanden. Es gibt Menschen, die an so etwas zugrunde gehen, die in Depressionen verfallen, krank werden. Natürlich machten auch uns die jahrelangen Existenzängste zu schaffen. Viele Monate lang konnte Hella keine Nacht durchschlafen, weil die Gedanken in ihrem Kopf nie aufhörten zu kreisen. Doch irgendwie gaben wir nie die Hoffnung auf, dass wir aus diesem ganzen Schlamassel auch wieder herauskommen werden.

Heute haben wir die ganze Geschichte hinter uns gelassen, denken gar nicht mehr daran. Wenn ich darüber jetzt schreibe, ärgere ich mich sehr wohl ein bisschen, aber die meiste Zeit ist alles vergessen und die Sache für mich abgeschlossen. Letztendlich, denke ich, verläuft kein Leben absolut geradlinig, und wenn es einen Einschnitt geben muss, dann doch lieber ein finanzieller Rückschlag als ein gesundheitlicher Schicksalsschlag oder ein Todesfall in der Familie.

Was es nämlich bedeutet, wenn ein Familienmitglied ernsthaft erkrankt, mussten wir mit unserer Tochter Laura erleben, bei der sich als heranwachsender junger Frau eine Magersucht entwickelte. Die Krankheit zeigte sich inmitten unserer finanziellen Krise, hatte damit aber nicht wirklich etwas zu tun. Denn eine Essstörung entsteht langsam und schleichend und fällt meist erst auf, wenn die Gewichtsreduktion körperlich sichtbar wird. 2004 fiel Hella und mir erstmals auf, dass mit Laura etwas nicht stimmte. Vom Hessischen Rundfunk war ich für das *Comedy-Schiff* engagiert, eine Produktion unter anderem mit Marie-Luise Marjan und Alexandra Neldel, die Sketche in »Traumschiff-Ambiente« versprach. Für die Dreharbeiten fuhren wir auf der MS »Astoria« entlang der Ostküste Australiens und machten dabei auch in Port Moresby in Papua-Neuguinea halt. Laura hatte die Gelegenheit genutzt und war mit uns auf die Reise gegangen. Als wir sie jedoch dort im Bikini am Strand sahen, erschraken wir zutiefst – Laura war sehr dünn geworden, hatte extrem abgenommen. Sie war schon immer ein schlankes Mädchen gewesen, deshalb hatten wir zuvor gar nicht bemerkt, wie sie zunehmend an Gewicht verlor. Wir wussten nicht, dass die Magersucht unsere Tochter da bereits einige Jahre im Griff hatte. Anfangs fällt dir gar nichts auf, das ist ja das Schlimme! Wenn Laura zuvor bestimmte Sachen nicht essen wollte, dachten wir uns nichts dabei. Niemand hat sofort eine Essstörung im Sinn, nur weil ein Teenager mal kein Stück Kuchen essen mag ... Wir hätten auch nie geglaubt, dass Laura in irgendeiner Art und Weise gefährdet sein könnte, weil eine Schulfreundin ihrer Schwester Sarah auch magersüchtig war und wir deshalb oft von dieser Krankheit sprachen. Der Vater des Mädchens ist sogar Arzt, weshalb wir uns fragten, wieso die Familie nicht viel früher etwas bemerkt hatte. Inzwischen wissen auch wir, dass man sie im Alltag einfach nicht so schnell erkennt!

Plötzlich war nun diese Krankheit in unserem Leben. Das wünsche ich wirklich niemandem, nicht meinem ärgsten Feind und nicht einmal diesem Winkeladvokaten. Sie ist ganz, ganz furchtbar. Hella sagte oft, sie würde Laura die Magersucht so gern abnehmen, wenn sie es könnte. Mich machte die Situation einfach nur ratlos. Wir suchten nach einem Auslöser und fanden ihn nicht. Ebenso schwierig gestaltete sich die Suche nach einer geeigneten Therapie. Hella recherchierte stundenlang im Internet nach den Hintergründen von Essstörungen und versuchte, die besten Ärzte und Kliniken herauszufiltern.

Von jemandem wurde uns eine Klinik besonders empfohlen, die wir selbstverständlich sofort mit der ganzen Familie begutachteten. Dort mussten alle Patienten bei den Mahlzeiten zusammen am Tisch sitzen, und niemand durfte aufstehen, bevor sein Teller nicht aufgegessen war. Wenn jemand die Portion nicht schaffte, wurde derjenige in sein Zimmer zurückgeschickt und eingeschlossen – ohne Kontakt zu den anderen Patienten. Als wir diese Methodik bemerkten, war der Familienrat sofort einer Meinung, dass das nicht der richtige Weg sein konnte – danke, auf Wiedersehen, das war's. Auch hier zeigte sich wieder unser familiärer Zusammenhalt. Jeder war involviert, wir redeten miteinander, beratschlagten uns, waren eine Einheit. Danach kam Laura für acht Wochen in die Klinik für Psychosomatische Medizin im Klinikum rechts der Isar; ein Aufenthalt, der sie auf jeden Fall stärkte.

Viele Jahre war Laura in Behandlung bei unterschiedlichen Spezialisten, die man schlussendlich alle in der Pfeife rauchen konnte, denn keiner konnte ihr im Endeffekt wirklich helfen. Zwischendurch bekam sie für eine gewisse Zeit auch Tabletten verschrieben, die sie aber recht schnell wieder absetzte. Sie sagte: »Ich mache mich doch nicht von der einen Sache unabhängig und falle in die nächste Abhängigkeit!« Sie wollte es aus eigener Kraft schaffen, ohne Tabletten. Wir konnten glücklicherweise auch immer mit ihr reden, zu jeder Zeit. Nur wenige Betroffene sind in Bezug auf diese Krankheit so zugänglich. Das wissen wir auch aus den vielen Zuschriften, die Laura bekam, nachdem ihre Magersucht bekannt wurde. Das Einzige, was ihr tatsächlich sehr gutgetan hatte, war ein Aufenthalt in einem Sanatorium im Allgäu. Dort konnte man ihr wirklich helfen; die schöne Umgebung tat das Übrige. Das war der einzige Lichtblick unter all den Versuchen, Laura zu stabilisieren.

Magersucht ist leider eine Krankheit, die ein Betroffener oder eine Betroffene nie ganz besiegen wird, die jederzeit zurückkommen kann, ausgelöst durch negative oder traumatisierende Erfahrungen. Oft wechseln sich schlechte Phasen mit guten in Wellenbewegungen ab. Dies ist auch der Grund, weshalb Laura weiterhin therapeutisch betreut wird. Insofern werden uns Angst und Sorge um unser Kind für immer begleiten. Abgesehen von leichten Schwankungen ist Laura aber heute absolut stabil, was uns als Eltern unheimlich glücklich macht. Uns haben diese beiden Krisen als Paar und als Familie noch enger zusammengeschweißt. Nie liefen wir Gefahr, uns durch die schweren Zeiten voneinander zu entfernen. Die finanzielle Misere schrumpfte neben Lauras Krankheit fast zu einer Nebensache, was sie irgendwie auch erträglicher machte. Als Eltern versuchten wir, verständnisvoll für unsere Tochter da zu sein, bis sie selbst in der Lage war, ihre Krankheit zu bekämpfen. Denn im Endeffekt können sich die Betroffenen ja nur selbst helfen. Und als Menschen bemühten wir uns, das Vertrauen in andere Menschen nicht zu verlieren. So, wie wir unser Leben gelebt haben, war es in Ordnung. Es gibt nichts zu bereuen und nichts zu beklagen. Zwei Dinge haben wir aus diesen Lehrstunden des Lebens mitgenommen: Unter dem Strich ist die Familie und deren Gesundheit alles, was zählt! Und: Jeder hat sein Päckchen zu tragen!

Noch lange nicht Schluss

2020

Nun bin ich also 85 Jahre alt. Eine Zahl, die sich anfühlt, als würde sie nicht zu mir gehören. Irgendwie abstrakt und auch ein wenig absurd. Bin ich wirklich schon ein so alter Mann? Einige Menschen meinen, in diesem Alter sollte man die runden und die – wie ich sie nenne – eckigen Geburtstage unbedingt feiern, weil niemand weiß, wie viele noch kommen … Aber das allein kann meines Erachtens nicht der ausschlaggebende Grund sein. Noch nie war ich ein Freund von allzu großen Feierlichkeiten, weder privat noch beruflich. Warum sollte ich das im Alter ändern? Sobald eine gewisse Anzahl an Gästen überschritten wird, hast du als Gastgeber keine Chance mehr, dich mit allen so intensiv zu unterhalten, wie du es gern würdest. Hast du nur 25 oder 30 Personen aus deinem näheren Bekanntenkreis eingeladen, bist du schon den gesamten Abend von Tisch zu Tisch unterwegs, weil natürlich alle wollen, dass du dich ein Weilchen zu ihnen setzt und dich mit ihnen unterhältst. Da sind mir die intimeren Zusammenkünfte, bei denen man sich mit einigen guten Freunden an einen großen runden Tisch setzt und sich kreuz und quer an den sich bildenden Gesprächskreisen beteiligt, sehr viel lieber. Davon habe ich persönlich einfach mehr. Das war auch der Grund, weshalb ich meinen runden Geburtstag vor fünf Jahren einfach mit ein paar Freunden in der Eierwiese, einem sehr netten bayerischen Restaurant in Grünwald, beging. Wir waren eine überschaubare Gesellschaft und hatten einen wunderbaren Abend. Mir kommt es auch immer sehr entgegen, wenn ich mich nicht allzu schick machen muss. Je größer die Feier, umso förmlicher geht es doch zu, machen wir uns nichts vor. Und noch nie war ich ein großer Freund von Smoking und Fliege. Wenn ich irgendwie vermeiden konnte, besonders elegant gekleidet auf einer Festivität aufzukreuzen, blieb der Anzug halt im Schrank hängen. Das ist bei mir immer schon so gewesen und vollkommen unabhängig von meinem Lebensalter. Eine Krawatte allerdings besitze ich seit fast sechzig Jahren; tragen könnte ich sie, selbst wenn ich wollte, heute nicht mehr, sie ist absolut aus der Mode geraten. Das ist aber auch nicht der Grund, weshalb sie noch immer in meinem Schrank liegt.

1962 drehte ich den französisch-italienischen Krimi *Le glaive et la balance*, auf Deutsch *Das Schwert und die Waage*, in dem Anthony Perkins die Hauptrolle spielte. An einem Abend während der Dreharbeiten, als das gesamte Team zusammenkam, trug er ein lässiges Hemd mit einer hübschen, schmalen, grünlichen Krawatte, wie sie zu jener Zeit sehr angesagt war. Damals trug selbst ich noch ab und zu einen Binder zum Hemd! Als ich auf ihn zuging und seine Krawatte lobte, band er sie kurzerhand ab und schenkte sie mir. Seither halte ich sie in Ehren.

Bei Lilo Pulvers 75. Geburtstag wurde zu einer großen Fernsehgala im Studio Hamburg geladen. Dort versammelten sich bestimmt zweihundert Gäste, darunter Hans-Dietrich Genscher, Joachim Fuchsberger und eben auch ich – sogar im Anzug!

Auch Lilo haftete schon immer dieser jugendliche Charme an, der mir ebenfalls nachgesagt wird. Und sie wurde ihm gerecht, als sie mit ihren 75 Jahren im Laufe dieser Gala noch locker per Räuberleiter auf ein Pferd stieg! Während meine Leidenschaft das Segeln war, war ihre nämlich das Galopprennen ... Im Jahr 2007 trafen wir uns das bislang letzte Mal im Rahmen der Verleihung der Goldenen Kamera. Mir wurde die Ehre zuteil, die Laudatio auf sie zu halten und ihr den Preis für ihr Lebenswerk zu überreichen. Gern hätte ich auch nach der Veranstaltung noch ein bisschen Zeit mit ihr verbracht, aber sehr viele Leute wollten natürlich ihre Aufmerksamkeit, stürzten sich geradezu auf sie. Zumal Lilo nur noch selten in der Öffentlichkeit anzutreffen ist. Da ich sehr gut nachempfinden kann, wie es ist, wenn zig Leute etwas von einem wollen, und weil ich weiß, wie unwohl man sich in diesen Momenten oftmals fühlt, bin ich selbst lieber zurückhaltend und verdrücke mich im Zweifel. Auch Auftritte auf dem roten Teppich liegen mir überhaupt nicht. Die unzähligen Fotografen, die dort schussbereit hinter Absperrgittern stehen und dich anschreien, du mögest doch nun bitte endlich zu ihnen schauen, sind äußerst gewöhnungsbedürftig. Alle schreien durcheinander; es herrscht ein unglaublicher Lärm. Am liebsten würde ich bei solchen Veranstaltungen immer durch einen Nebeneingang zum

Event schleichen, aber das geht natürlich nicht. Die Fotografen brauchen ihre Fotos, die Veranstalter wollen die Publicity, und auch die Prominenz wäre nicht prominent ohne das Blitzlichtgewitter und die Presseberichte. Dennoch muss man es nicht mögen.

Meine letzte größere Geburtstagsfeier organisierten wir zu meinem Siebzigsten – ähnlich groß wie bei Lilo. Nach meinen Engagements bei den Karl-May-Spielen in Bad Segeberg hatte es mich brennend interessiert, wie die Süddeutschen Karl May-Festspiele in Dasing die Geschichten rund um Winnetou umsetzten. Schon lange hatte ich mir die kleine, intime Theaterbühne in der »Western-City« einmal genauer ansehen wollen. Als es endlich klappte, saßen wir nach der Vorstellung noch mit dem Gründer des Erlebnisparks, Fred Rai, zusammen und plauderten über dies und das – unter anderem auch über meinen bevorstehenden runden Geburtstag. »Was hältst du davon, deinen Ehrentag in meinem Saloon zu feiern?«, fragte er mich spontan. Mir gefiel die Idee sofort, und so schmiedeten wir noch an diesem Abend Pläne. Am Ende feierten wir mit 220 Leuten im Westernstil meinen Geburtstag; es gab Fleisch vom Grill, einige Gäste kamen entsprechend gekleidet, und eine kleine Band spielte die passende Musik dazu. Im Verlauf des Abends zeigte Fred Rai, der bekannt war für seinen selbst entwickelten gewalt- und für Pferde schmerzfreien Reitstil, noch einige seiner Kunststücke. Es war ein wirklich originelles Fest – und eine echte Ausnahme für mich »Feiermuffel«.

Zwar dachten wir auch anlässlich meines 85. kurz darüber nach, ob es nach fünfzehn Jahren nicht mal wieder an der Zeit für ein größeres Fest wäre, aber dann erstickte die weltweit ausbrechende Corona-Pandemie jeglichen Gedanken an eine besondere Feier im Keim. Spätestens seit dem landesweiten Lockdown lagen etwaige Vorhaben auf Eis – was mich nicht allzu unglücklich machte. Hella und ich blieben wie die meisten Menschen zu Hause, gingen nur zum Einkaufen aus dem Haus und sahen zu, wie sich die Welt ein Stück weit veränderte. Niemand auf diesem Planeten hätte es vermutlich vorher für möglich gehalten, dass sich urplötzlich weltweit so viele Länder voneinander abschotten, dass überall die Wirtschaft nahezu zum Erliegen kommt und dass als Gebote der Stunde sozialer Abstand und häusliche Isolation ausgerufen werden. Es sind verrückte Zeiten, und sie werden uns sicher noch eine ganze Weile begleiten. Aber es ist auch nicht die erste Krise, die ich miterlebe.

Wenn ich darüber nachdenke, wie vielen Wendepunkten und Umbrüchen in der Geschichte ich schon beiwohnte, verliert jede einzelne Veränderung ihren Schrecken. Angefangen bei den politischen Großereignissen wie dem Zweiten Weltkrieg, dem Bau der Berliner Mauer und ihrem Fall 28 Jahre später, den finanziellen Umbrüchen wie der Währungsreform und der Währungsumstellung bis hin zum sozialen Wandel, der im Laufe eines Lebens automatisch passiert. Allein der technische Fortschritt, den ich miterleben durfte, ist immens. All diese Geräte, die man heute nutzt, Handy, Tablet oder Computer, und mit denen sich meine Töchter natürlich sehr viel besser auskennen, als ich es je werde. Mit ihnen lassen sich heute in Minuten Fragen klären, für deren Beantwortung man früher ein oder zwei Tage brauchte, um sie zu recherchieren. Diese Technisierung erleichterte unser Leben auf der einen Seite und beschleunigte es auf der anderen. Die meisten Dinge im Leben haben nun einmal zwei Seiten, haben sowohl Vor- als auch Nachteile. Und selten kann ein Ereignis von Beginn an direkt als positiv oder negativ eingestuft werden. Deshalb warte ich lieber ab und versuche, in allem das Gute zu entdecken, was mir meistens auch gelingt. Wer weiß, was wir der Corona-Krise in einigen Jahren an guten Seiten abgewinnen können?

Wenn ich die Macht hätte, etwas zu verändern in dieser Welt, dann würde ich versuchen, all diese sinnlosen Kriege zu beenden. Wir Europäer haben das Glück, seit dem Zweiten Weltkrieg die meiste Zeit in Frieden leben zu können; seither gab es noch so viele andere Kriege auf dieser Welt – Vietnam, Afghanistan, Irak, Syrien … Wie viele Kriege darunter wirtschaftlich motiviert waren und wie viele Tote diese rein monetären Gründe gefordert haben, erschüttert mich bis heute. Meiner Meinung nach wäre es gar nicht so schlecht, endlich einmal die Menschen und die Menschlichkeit in den Mittelpunkt zu stellen! Wie wäre es, eine gerechte Verteilung der in der Welt produzierten Güter auf alle Menschen anzustreben? Um die Armut in der Welt zu verringern, könnten Gelder umverteilt werden. Mir erschloss sich noch nie, warum einzelne Menschen auf dieser Welt so viel Geld anhäuften, dass selbst ihre Nachfahren es niemals würden ausgeben können. Natürlich muss sich Leistung lohnen, ich spreche mich hier nicht für soziale Gleichmacherei aus. Aber an so mancher Stelle haben wir, denke ich, das Augenmaß verloren. Wie sinnvoll ist es zum Beispiel, dass einer der reichsten Männer der Welt fast eine halbe Milliarde Dollar in die Bewerbung seiner Präsidentschaftskandidatur in den USA steckt, um dann festzustellen, dass er überhaupt nicht den Hauch einer Chance hat? Dort wurde mal eben eine halbe Milliarde Dollar aus dem Fenster geworfen. Das dürfte es meines Erachtens nicht geben. Die Welt ließe sich zu einem besseren Ort machen, wenn man mehr an die Bedürftigen denken würde und weniger daran, wie man sich am besten die eigenen Taschen füllen kann. Und damit meine ich nicht, dass sich das Großkapital ein soziales Deckmäntelchen überstreifen sollte, indem irgendeine neue Stiftung gegründet wird. Da dürften schon grundsätzlichere Veränderungen passieren. Wie man erkennt, lässt sich mir leicht sozialistisches Gedankengut nicht absprechen … In meinen Augen hat einfach jeder Mensch das Recht, gut zu leben. Vielversprechende Ansätze lassen sich bei einem Blick in die Geschichte ja durchaus finden, nur sind diese bislang immer an bestimmten Punkten gescheitert. Daran sollte man meiner Meinung nach weiterarbeiten, an einer Politik für die Menschen. Mein unerschütterlicher Optimismus lässt mich weiterhin daran glauben, dass so etwas möglich wäre.

Das politische Geschehen verfolge ich zeitlebens sehr aufmerksam. Vielleicht liegt es daran, dass ich im Krieg aufgewachsen bin. Vor allem im Hinblick auf die erneute Bedrohung von rechts bin ich der Überzeugung, dass wir verpflichtet sind hinzuschauen, was in unserer Welt passiert. Nie hätte ich angenommen, dass nach diesem Desaster, das wir Deutschen damals angerichtet haben, solche Ideen überhaupt noch einmal einen Nährboden finden könnten. Und doch sind heute in der ganzen Welt wieder solche nationalistischen Tendenzen bis hin zu faschistischen Ideen festzustellen. Ich hoffe inständig, dass sich die Geschichte nicht wiederholt und die nachfolgenden Generationen es besser machen als die meiner Eltern.

Das ist auch so ein Fakt, dem man ins Auge sehen muss: Meine Generation ist längst abgelöst; jetzt ist die meiner Töchter am Drücker.

Mit dem Älterwerden geht einher, dass man sich von einigen Lebensträumen verabschieden muss. So werde ich eben nicht mehr mit der »Shamrock« von Kiel Richtung Norden und entlang der schwedischen Küste segeln. Dieser Traum, der mit Planung und Durchführung vermutlich mindestens ein Vierteljahr gekostet hätte, ließ sich aus ganz alltäglichen Gründen leider nicht verwirklichen. Leider konnten Mike und ich uns nie auf einen Zeitraum einigen; immer durchkreuzte irgendetwas unsere Pläne. Und jetzt ist es dafür zu spät.

Ebenso wie für meinen großen Traum, einmal ein halbes Jahr lang quasi auszusteigen und in irgendeiner schönen Region mit dem Schiff unterwegs zu sein. Das hätte in der Karibik sein können, aber auch im Fernen Osten oder um Australien herum ... Von der körperlichen Kraft her wäre hierfür das Alter zwischen dreißig und vierzig perfekt gewesen, aber in dem Alter war ich mit dem Segelsport noch nicht so verbunden. Die »Shamrock« kaufte ich mir erst mit Mitte dreißig, und dann musste das Schiff ja noch restauriert werden, was einige Jahre in Anspruch nahm. Dies wird also auch ein Traum bleiben. Dagegen werden Hella und ich uns hoffentlich einen anderen noch erfüllen können. Als große Karibikfans würden wir dort gern noch einmal zusammen Urlaub machen, am liebsten natürlich ein weiteres Mal auf einem gecharterten Segelboot mit Skipper. Wenn man das einmal erlebt hat, dann möchte man das immer wieder so machen. Das war eine herrlich luxuriöse Art, Ferien zu verbringen. Wenn es mit dem individuellen Segeltörn nichts werden sollte, wäre selbstverständlich auch eine Kreuzfahrt eine Alternative. Durch meine Rolle als Kapitän in *Unter weißen Segeln* hätten wir eigentlich noch eine Reise auf der »Star Flyer« oder der »Royal Clipper« gut; die wurde uns damals zumindest zugesagt. Bislang haben wir dieses Angebot noch nicht in die Tat umgesetzt, aber wer weiß, vielleicht lässt sich das ja noch einlösen ... Auch zu einer Kreuzfahrt ohne Mast und Segel würden wir nicht zwingend Nein sagen; das hängt entscheidend von der Größe des Schiffes ab. Mit der MS »Europa« haben wir zum Beispiel schon wunderbare Erfahrungen gemacht. 2007 fuhren wir über Weihnachten und Silvester mit ihr den Amazonas flussabwärts bis in die Karibik hinein. Wir flogen ins brasilianische São Paulo und von dort aus weiter nach Manaus, der Stadt, die durch ihre Kautschukproduktion weltweit bekannt wurde. Sie war einst eine der reichsten Städte der Welt und liegt an der Mündung des Rio Negro in den Amazonas. Dort existiert ein wunderbarer Sandstrand, der aussieht, als läge er direkt am Meer. In Manaus gingen wir an Bord, fuhren zunächst vorbei an der satten Vegetation des Amazonasgebiets bis in den Atlantik hinein und in die Karibik – allein in Bezug auf die Natur, die wir dort zu Gesicht bekamen, war das eine gigantische Reise! Weniger schön war allerdings, an Heiligabend nicht zu Hause zu sein. Wir saßen abends in lauer Nachtluft am Heck des Schiffes und sahen in die weiße Gischt, die im Mondschein silbrig glänzte. Für uns fühlte sich das sommerliche Weihnachtsfest doch etwas befremdlich an.

In den Genuss dieser Reise kamen wir übrigens, weil ich engagiert war, um dort innerhalb des Unterhaltungsprogramms an mehreren Abenden verschiedene Lesungen zu halten; natürlich war auch eine schöne Weihnachtsgeschichte darunter. Wunderbar wäre doch, wenn Hella und ich auf eine Karibikkreuzfahrt gingen und ich dort aus meiner Autobiografie vorlesen könnte. Das wäre doch die Idee!

An dieser Stelle muss ich noch einmal ein Loblied auf meinen Beruf anstimmen. Sein Facettenreichtum hat mich in meinem Leben so viele unterschiedliche Erfahrungen machen lassen, wie ich es anfangs nicht für möglich gehalten hätte. Die gerade erwähnte Lesung ist dabei nur ein Puzzleteil von ganz vielen. Zu Beginn meines Weges war wie gesagt der Beruf des Schauspielers für mich untrennbar mit dem Theater verbunden. Doch was durfte ich nicht alles darüber hinaus ausprobieren! Film und Fernsehen boten mir neben ernst zu nehmenden Rollen wie in *Buddenbrooks* oder *Murphy's War* einige Ausflüge in Genres, die häufig ein Nischendasein fristen – Heimatfilme, Italowestern, Vampirgeschichten. Wenn mir die Frage gestellt wurde, warum ich auch solche Rollen annehmen würde, war die

Antwort denkbar simpel: Weil es mir Spaß machte, Dinge auszuprobieren! Und weil ich möglichst vielseitig sein wollte! Warum spielte ich bei den Karl-May-Spielen in Bad Segeberg mit? Andere würden diese Frage vielleicht mit der Gage begründen, die man dort über einen ganzen Sommer verdienen konnte. Aber es war nicht das Geld, sondern einfach der Spaß und die Neugier, einmal auf einer Freilichtbühne auf diesem Riesenareal und vor so großem Publikum zu spielen. Aus dem gleichen Grund ließ ich mich auch einmal zu einer Schallplattenaufnahme hinreißen! In keinem meiner Filme habe ich je gesungen, aber mit meiner ersten Frau Monika nahm ich ein Duett auf, als wir noch nicht verheiratet waren. Damals war der weltberühmte Song »(You're) Having My Baby« von Paul Anka gerade ein Hit. Den machten wir uns zu eigen und sangen auf Deutsch »Wir wollen es haben«. Ja, ich weiß, ein wirklich blöder Text. Auf der B-Seite sang ich »Ade, du graue Welt, ich geh zum Zirkus«, ein ähnlich intelligenter Text, unterlegt mit Rumtata-Musik. Die Platte schien aber gar nicht so schlecht anzukommen, denn der Titel der A-Seite kletterte in der WDR-Hitparade innerhalb kürzester Zeit auf Platz eins, während die Originalversion von Paul Anka nur auf Platz sechs landete. Das Problem war leider, dass es die Platte nach dieser Sendung nicht zu kaufen gab, sie war zu diesem Zeitpunkt faktisch nicht auf dem Markt erhältlich. Wenn die Leute in die Läden kamen, gingen sie unverrichteter Dinge wieder nach Haus. Zwei Wochen später stand die Platte dann wie ein Ladenhüter in den Regalen, weil die Leute nicht mehr danach fragten. So viel zu meinem Ausflug in die Musikbranche …

Alles, was ich gemacht habe, setzte ich mit großer Ernsthaftigkeit um. Niemals wäre mir in den Sinn gekommen, bestimmte Dinge einfach nur hinzuschludern oder mir mit ihnen keine Mühe zu geben. Jede Aufgabe bekommt die Aufmerksamkeit, die ihr gebührt. Einiges muss ich dabei richtig gemacht haben, denn ab und zu wurde ich auch für meine Arbeit geehrt. Schon 1973 erhielt ich den Goldenen Otto der Jugendzeitschrift *Bravo* für den *Bastian*, im Jahr da-rauf den Bambi als Fernsehstar des Jahres. In England wurde ich für das Fernsehspiel *The Best of Enemies* als bester Schauspieler ausgezeichnet. Der Kurzfilm *Dunkelrot*, in dem ich mitwirken durfte, erhielt den begehrten Max Ophüls Preis, und erst im vergangenen Jahr wurde mir in Hagen der Preis des Kurzfilmfestivals »Eat My Shorts« für mein Lebenswerk überreicht. Es kamen also schon einige Trophäen im Laufe meines Lebens zusammen, die heute alle in einer Kiste in unserem Keller verstaut sind. Auszeichnungen waren mir nie wichtig in dem Sinne, dass ich sie angestrebt hätte, gefreut habe ich mich dennoch über sie. Die von den Zuschauern ausgelobten Preise machten mich dabei besonders stolz, denn ein Schauspieler ist nichts ohne sein Publikum.

Neben der Zuschauerresonanz war es für mich auch immer von Belang, selbst Freude an meiner Arbeit zu haben. Das Theaterspielen und auch die Arbeit vor der Filmkamera erfüllt dich nur, wenn dir auch das gesamte Drumherum Spaß macht. Quälst du dich von einer Aufgabe zur nächsten, nur weil du diesen Beruf vor Jahrzehnten mal gelernt hast, wirst du auch die Erfahrungen rund um deine Arbeit nie zu schätzen wissen. Ich konnte das immer! Ohne den Film *Eine Rose für den Maharadscha* hätte ich zum Beispiel nicht auf Sri Lanka das schärfste Essen meines Lebens gegessen. Während unserer Dreharbeiten wohnten wir im Suisse Hotel. Hier wurde ich bei einer Mahlzeit gefragt, wie ich mein Essen gern hätte – europäisch, mittelscharf oder scharf. Ohne mir etwas dabei zu denken, bestellte ich die schärfste Variante – was im Nachhinein keine gute Idee war! Mir war vollkommen unerklärlich, wie irgendein Mensch dieses Essen schmackhaft finden konnte. Außer Schärfe schmeckte ich nichts! Das Gericht musste ich leider zurückgehen lassen, konnte es beim besten Willen nicht essen.

Ohne meine Arbeit hätte ich auch viele interessante Leute niemals kennengelernt. Für *Das Riesenrad* traf ich zum Beispiel O.W. Fischer, der damals ein Star des deutschen Films war und die Hauptrolle innehatte. So viel Kontakt zu ihm hatte ich während der Dreharbeiten gar nicht, aber eine gemeinsame Szene gab es dann doch. Ich spielte einen amerikanischen Soldaten mit Crew Cut, der zu einem emigrierten Teil der Familiendynastie von O.W. gehörte und für ein Familientreffen nach Wien zurückgekehrt war. Dort trafen O.W. und ich bei einem gemeinsamen Essen aufeinander. Schon während der Vorbereitungen für diese Szene fiel mir auf, dass eine lange Zeit am Licht für O.W. gebastelt wurde. Er war wohl sehr eitel. Als ich die Szene später ansah, war augenscheinlich, dass O.W. wunderbar ausgeleuchtet dasaß, während ich im Halbdunkel ein wenig absoff – vernachlässigt vom Oberbeleuchter ...

Ohne den Schauspielberuf hätte ich auch die Entwicklung des Fernsehens niemals so hautnah miterlebt. So drehte ich die Fernsehserie *Die Laubenpieper* Anfang der 1960er-Jahre für einen zweiten Fernsehsender in Deutschland, den es zu der Zeit noch gar nicht gab. Bundeskanzler Konrad Adenauer strebte nach dem Vorbild der englischen BBC eine Art Regierungssender neben der ARD an, der im Volksmund »Adenauer-Fernsehen« genannt wurde. Hierfür wurde bereits ab Ende der 1950er-Jahre fleißig gedreht, also vorproduziert. Statt des gewünschten »Adenauer-Fernsehens« ging dann 1963 das ZDF auf Sendung, und die vorproduzierten Konserven wurden hier zumeist irgendwann am Nachmittag gesendet.

Alle diese Geschichten prägen mein Leben. Insofern habe ich die Vielseitigkeit meines Berufes wirklich ausgeschöpft und tue das bis heute. Das ist ja das Wunderbare an der Schauspielerei: Wenn die Leute dich noch sehen wollen, kannst du bis ins hohe Alter beruflich tätig bleiben. Sehr gern würde ich noch einmal den Santiago in *Der alte Mann und das Meer* an einem Theater spielen. Am liebsten in Hamburg, am St. Pauli Theater oder am Altonaer Theater, das bekannt dafür ist, Literatur bühnentauglich zu präsentieren, und damit prädestiniert für dieses Stück wäre. Anlässlich eines Geburtstags darf man doch Wünsche äußern. Das wäre einer!

Darüber hinaus habe ich keine großen Wünsche, außer dass Hella und ich gesund bleiben und noch ein paar Jahre zusammen sein können – zehn Jahre wären schön. Wobei es für mich kein Alter gibt, bei dem ich heute schon sagen könnte, dass es dann endgültig reicht. Wenn ich hundert

Jahre alt wäre und fit im Kopf, spräche doch nichts gegen das fortgeschrittene Alter, das wäre doch wunderbar! Wenn man hingegen krank und hinfällig wird, kann ich mir schon eher vorstellen, dass man irgendwann nicht mehr mag. Ich nehme es, wie es kommt. Bleibt ja auch gar nichts anderes übrig; liegt doch sowieso nicht in meiner Hand. Und am Ende gehe ich still und leise, da halte ich es mit Voltaire: »Ich mag keine Helden, sie machen mir zu viel Lärm in der Welt.«

Aber noch ist ja zum Glück nicht Schluss.

Danksagung

WO anfangen und WO aufhören?

Diese Frage stelle ich mir seit einigen Wochen. Es gibt so viele Menschen, denen ich etwas zu verdanken habe, dass ich fürchte, an einer kompletten Aufzählung zu scheitern. Aus diesen Überlegungen heraus habe ich mich entschlossen, meinen Dank zu bündeln, und hoffe, dass diejenigen, die gemeint sind, sich zwischen den Zeilen wiederfinden.

An viele Begegnungen und gemeinsame Arbeiten erinnere ich mich bis heute ausgesprochen gern, was sich hoffentlich in diesem Buch widerspiegelt.

Privat möchte ich mich bei allen Freunden und Bekannten, die mein Leben bereichern und mich in vielen Lebenslagen immer wieder unterstützen, herzlich bedanken – besonders auch bei den zahlreichen mir unbekannten Gönnern.

Meiner Mutter danke ich, dass sie mich liebevoll behütet durch den Krieg brachte.

Und natürlich Hella – der größte Schatz in meinem Leben –, die mir auch noch die zwei wunderbarsten Töchter schenkte, die ein Vater sich nur wünschen kann.

Dann möchte ich mich ganz herzlich beim Ullstein Verlag, der Agentur Käfferlein & Köhne und meiner immer verständnisvollen Co-Autorin Melanie bedanken.

Eigentlich wollte ich nie ein Buch schreiben, denn die vielen losen Enden meiner unzähligen Erinnerungen und Erlebnisse überforderten mich ... Doch dann kam, wie es so oft im Leben ist, alles anders ... Dafür danke ich übrigens auch – dem lieben Gott!

Anhang

Filmographie (Auszug)

Entgegen der üblichen Praxis, das Erscheinungs- oder Ausstrahlungsjahr zu nennen, wird hier (aus Sicht des Schauspielers) das Produktionsjahr genannt.

Der Staatsanwalt (TV)	2016
Familie Dr. Kleist (TV)	2013
Eines Tages…	2010
Um Himmels Willen (TV)	2009
Dunkelrot (Kurzfilm)	2008
Unter weißen Segeln (TV)	2005 – 2006
Comedy-Schiff (TV)	2004
In aller Freundschaft (TV)	2003, 2010 und 2018
Alle meine Töchter (TV)	1999
Eine Rose für den Maharadscha (TV)	1996
Zwei Halbe sind noch lange kein Ganzes (TV)	1993
Zwei Schlitzohren in Antalya (TV)	1990 (Staffel 1) und 1993 (Staffel 2)
Der Landarzt (TV)	1989 und 1996
Blaues Blut (TV)	1988
The Last Days of Patton (TV)	1986

To Catch a King	1983
Wie hätten Sie's denn gern?	1982
Smuggler (TV)	1981
Sesamstraße (TV)	1979–1984
Steiner – Das Eiserne Kreuz II	1978
Shout at the Devil	1975
Härte 10 (TV)	1974
Frühling auf Immenhof	1974
Ein toter Taucher nimmt kein Gold	1973
Die Zwillinge vom Immenhof	1973
Zinksärge für die Goldjungen	1973
Captain Kronos – Vampirjäger	1972
Der Bastian (TV)	1972
Zwei wilde Companeros	1971
Das Haus am Eaton Place (TV)	1971
Der Kapitän	1971
Murphy's War	1970
Ausbruch der 28	1970
Dubious Patriots	1969
Salto Mortale (TV)	1968 (Staffel 1) und 1971 (Staffel 2)
Sein Traum vom Grand Prix (TV)	1968
Landarzt Dr. Brock (TV)	1967
The Small Rebellion of Jess Calvert (TV)	1967
Erinnerung an zwei Montage (TV)	1966
Großer Ring mit Außenschleife (TV)	1965
Tunnel 28	1962
Die Laubenpieper (TV)	1961
Ruf der Wildgänse	1961

Das Riesenrad	1961
Das Glas Wasser	1960
…und noch frech dazu!	1960
Buddenbrooks	1959

Theater (Auszug)

Im Fall von anschließenden und wiederkehrenden Tourneen ist hier ausschließlich das Jahr der Erstaufführung angeführt.

Bis zum Horizont, dann links!	2019
Hexenjagd	2016
Kerle im Herbst	2016
Der eingebildete Kranke	2015
Der alte Mann und das Meer	2010
Die Orgie	1986
Barfuß im Park	1977
Es war nicht die Fünfte/Es war die Neunte	1976
Junger Herr für Jenny	1968
Das Kuckucksei	1962
Ein Sommernachtstraum	1962
Festspiele Bad Hersfeld	2016 – 2018
Süddeutsche Karl-May-Festspiele Dasing	2006 – 2009
Karl-May-Spiele Bad Segeberg	1998 und 2001